xlim Kochbuch

xlim Kochbuch

Für alle, die sich in Form bringen und in Form bleiben wollen, ist es wichtig, sich kalorienbewusst und ausgewogen zu ernähren. Dies gilt ganz besonders, wenn Sie mit Hilfe des xlim Gewichtsmanagement-Programms ein dauerhaft gutes Körpergewicht anstreben.

Das xlim Ernährungs-Beratungs-Team hat für Sie deshalb eine Auswahl an Koch-Rezepten für eine kalorienbewusste ausgewogene Ernährung zusammengestellt. Durch die speziellen Rezepte für vegane und vegetarische Gerichte wird der Anwenderkreis noch erweitert.

Die im „xlim Kochbuch" aufgeführten Koch-Rezepte zeichnen sich vierfach aus:

- ✔ die Zutaten sind überall zu günstigen Preisen erhältlich
- ✔ die Zubereitung ist einfach und wenig zeitaufwendig
- ✔ die Speisen schmecken gut und machen satt
- ✔ die Gerichte sind kalorienbewusst und ernährungsphysiologisch wertvoll

Inhaltsverzeichnis

Vorwort

Liebe Leserin, lieber Leser,

in unserer Wohlstandsgesellschaft streben immer mehr Menschen nach mehr Wohlbefinden und einem erfüllten, aktiven und langen Leben. Das überladene und leckere Nahrungsangebot, das jederzeit überall verfügbar ist, verführt viele dazu, oft zu viel unausgewogene Nahrung zu sich zu nehmen – insbesondere in Stresssituationen. Als Folge steigt die Zahl der Menschen mit erhöhtem Körpergewicht und sogar mit deutlichem Übergewicht von Jahr zu Jahr stetig an. Schon in wenigen Jahren wird so jeder zweite in Deutschland übergewichtig sein.

Gerade mit zunehmenden Alter neigen immer mehr Menschen dazu, die zunehmenden Unzulänglichkeiten des Lebens durch Genuss zu kompensieren. Als Folge schleppen wir dann immer mehr Kilos mit uns rum, passen nicht mehr in unsere Kleider, haben Schwierigkeiten uns körperlich zu belasten und fühlen uns zunehmend unwohler. Wenn wir dann das fehlende Wohlbefinden wiederum durch Genuss kompensieren, wird alles nur noch schlimmer.

Um diesem Teufelskreis entrinnen zu können, sollten wir unsere Lebensgewohnheiten überprüfen. Ohne eine nachhaltige Ernährungsumstellung und regelmäßige Bewegung wird uns auch keine Diät helfen, die überflüssigen Pfunde nachhaltig abzubauen.

Die im **xlim Kochbuch** vorgestellten abwechslungsreichen Gerichte können Ihnen in Verbindung mit **xlim, dem preisgekrönten „Besten Schlankheitsmittel 2017“** helfen, die angefutterten Pfunde wieder loszuwerden. Sie können so Ihre Figur wieder in Form bringen, sich wieder leichter bewegen und so Ihr tägliches Wohlbefinden und Ihren Gesundheitszustand spürbar verbessern.

Nutzen Sie die vielen ausgewogenen und leckeren Gerichte aus dem **xlim Kochbuch** zusammen mit dem **xlim Gewichtsmanagement-Programm**, um sich dauerhaft in Form zu bringen, sich in Ihrem Körper wieder wohl zu fühlen und Ihr Leben gesund und aktiv genießen zu können.

Dipl.-Oecotroph. Sabrina Richartz

Dr. Karl-Georg Mothes

Das xlim Gewichtsmanagement-Programm

Was dafür spricht, dass Sie xlim nutzen sollten um nachhaltig in Form zu kommen:

xlim – weil leckeres Abnehmen möglich ist!
Die xlim Gewichtsmanagement-Produkte sind das Ergebnis eines mehrjährigen universitären Projektes an dem profilierte Mediziner und Ernährungswissenschaftler beteiligt waren. Bei der Entwicklung wurde sowohl auf die Gewichtsabnahme durch die xlim Aktiv Mahlzeiten als auch auf den Geschmack und die Vielfalt Wert gelegt. Letzteres ist für eine längerfristige Anwendung von besonderer Bedeutung. Denn wem es nicht schmeckt oder wer immer das Gleiche verzehren muss, hält nicht lange durch und ist frustriert, weil sich der gewünschte Gewichtserfolg nicht einstellen will.

Aufgrund der besonderen Qualität und der hohen Wertschätzung haben Anwender von Schlankheitsmitteln in einer bevölkerungsrepräsentativen neutralen Befragung im DEUTSCHLAND TEST „Gesünder leben" **xlim** als **„Bestes Schlankheitsmittel 2017"** ausgezeichnet. xlim ist damit anerkannt spürbar besser als alle anderen Schlankheitsmittel und bietet so allen, die nachhaltig abnehmen wollen, die „Beste Alternative".

xlim – weil es extrem preiswert ist!
Die xlim Gewichtsmanagement-Produkte sind von hochwertiger Qualität und dazu noch extrem preiswert. Mit 25 Portionen pro Dose erhalten Sie eine vollwertige Ersatzmahlzeit schon z. B. für unter einem Euro.

xlim – weil es funktioniert!
Die xlim Gewichtsmanagement-Produkte werden ständig überprüft und den neuesten wissenschaftlichen Erkenntnissen angepasst. Das Prinzip ist ganz einfach: Das Ersetzen von täglich 2 Hauptmahlzeiten im Rahmen einer kalorienarmen Ernährung durch xlim Aktiv Mahlzeiten trägt zur Gewichtsabnahme bei. Durch das Ersetzen von einer Mahlzeit können Sie Ihr Gewicht stabilisieren. Darüber hinaus unterstützt der hohe Proteingehalt den Muskelaufbau.

xlim – weil es durch negative Energiebilanz Kalorien spart!
Um abzunehmen müssen Sie weniger Kalorien zu sich nehmen, als Ihr Körper verbraucht – man spricht von der sogenannten negativen Energiebilanz.

Damit Ihr Körper im Rahmen einer Mahlzeit aber dennoch mit allen essentiellen Nährstoffen ausreichend versorgt wird und Ihr Stoffwechsel funktioniert, verfügen die xlim Aktiv Mahlzeiten über eine hohe Nährstoffdichte, so dass trotz der reduzierten Kalorienaufnahme der Körper bestens versorgt ist.

xlim – weil der hohe Proteingehalt Muskelaufbau und -erhalt unterstützt!
xlim Aktiv Mahlzeiten sind komplette Ersatzmahlzeiten und der hohe Proteingehalt unterstützt den Muskelaufbau und -erhalt. Dafür wurden biologisch hochwertige Proteine, reich an essentiellen Aminosäuren, ausgewählt.

xlim – weil es hilft Fett abzubauen!
xlim Aktiv Mahlzeiten helfen durch ihre besondere kalorienbewusste Zusammensetzung Körperfett abzubauen. Dabei trägt der hohe Proteingehalt der xlim Aktiv Mahlzeiten zum Erhalt der Muskulatur bei, die Körpermasse, die am meisten Energie abbaut. Die enthaltenen Vitamine und Mineralstoffe unterstützen zusätzlich wichtige Stoffwechselfunktionen.

xlim – weil es sich flexibel an Ihre individuellen Ernährungsgewohnheiten anpassen lässt!
Dank der großen Auswahl an xlim Gewichtsmanagement-Produkten und xlim Koch-Rezepten können Sie das xlim Gewichtsmanagement-Programm an Ihre ganz individuellen Ernährungsgewohnheiten anpassen.

So können Sie Ihr Gewichtsmanagement selber in die Hand nehmen und auch längerfristig für Abwechslung sorgen. Als Orientierung auf dem Weg für eine selbstbestimmte Zukunft bieten wir Ihnen Programme für 14 Tage, 60 Tage und 90 Tage sowie die hilfreichen xlim Ernährungsprinzipien für eine gesunde und genussvolle Ernährung an.

xlim – weil es „Deutsche Qualität" ist!
Die xlim Gewichtsmanagement-Produkte werden ausschließlich in Deutschland entwickelt und produziert und unterliegen hohen Qualitätssicherungs-Standards.

Produkt-Qualität steht bei uns als anerkanntes deutsches pharmazeutisches Familienunternehmen an oberster Stelle. Sie ist ein Markenzeichen unserer über 30-jährigen Firmengeschichte.

xlim – weil es nur ausgewählte Inhaltsstoffe enthält!
Für die xlim Gewichtsmanagement-Produkte werden nur beste Zutaten verwendet.

Sie enthalten sorgfältig ausgewählte Nährstoffe erster Qualität, wie zum Beispiel qualitativ hochwertige Molkenproteine, die Ihr Körper dank der hohen Wertigkeit optimal für den Aufbau von Muskeln nutzen kann.

xlim – weil es xlim for men gibt!
xlim bietet auch eine Produktreihe speziell für Männer an. Die xlim Aktiv Mahlzeit for men zeichnet sich insbesondere durch den hohen L-Carnitin-Gehalt aus.

Starten Sie jetzt!
Je früher Sie damit anfangen sich in Form zu bringen, umso leichter wird es Ihnen fallen. Sie finden sich dann um so schneller wieder attraktiver, fühlen sich fitter und können Ihr Leben lange in vollen Zügen aktiv genießen.

Der spezielle Nutzen der xlim Gewichtsmanagement-Produkte

xlim Aktiv Mahlzeiten unterstützen mit biologisch hochwertigem Soja- und / oder Molken-Eiweiß, Ballaststoffen, Mineralstoffen und Vitaminen den Stoffwechsel und die Gewichtsabnahme.

Durch den Erhalt der Muskelmasse und des Muskelaufbaus, aufgrund der enthaltenen Proteine, haben xlim Aktiv Mahlzeiten einen überaus positiven Effekt auf Ihre Figur.

Und für unterwegs gibt es die xlim Aktiv Mahlzeit Shakes (Vanille, Schoko, for men Vanille und lactosefrei) und Suppen (Champignon, Tomate und Kartoffel) in praktischen Portionsbeuteln und die leckeren, verzehrfertigen xlim Aktiv Mahlzeit Riegel (Vanille, Schoko-Müsli und Schoko-Vanille). **Und das Beste: xlim Aktiv Mahlzeiten sind lecker!**

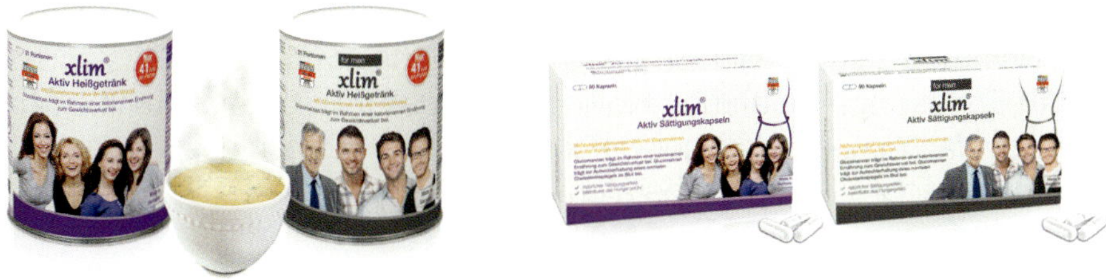

xlim Aktiv Heißgetränk ist ein herzhaft-würziges kalorienarmes Heißgetränk mit Glucomannan und wichtigen Vitaminen und Mineralstoffen, das aufkommenden Heißhunger im Handumdrehen stillt – mit nur 41 kcal pro Portion.

xlim Aktiv Sättigungskapseln sind eine sättigende Nahrungsergänzung mit dem pflanzlichen Ballaststoff Glucomannan der Konjak-Mannan-Wurzel. Glucomannan trägt im Rahmen einer kalorienarmen Ernährung zum Gewichtsverlust bei. Die Kapseln lösen sich im Magen auf und setzen die Konjak-Mannan-Faserstoffe frei, die in kurzer Zeit auf ein Vielfaches ihres Volumens aufquellen. Es kommt so zu einem angenehmen langanhaltenden Sättigungsgefühl, das Hungergefühlen auch nach kleineren Mahlzeiten entgegenwirkt.

Das xlim Apotheken-Konzept

Die Praxis hat gezeigt, dass eine dauerhafte Gewichtsabnahme nur durch eine entsprechende Ernährungsumstellung mit begleitender individueller Ernährungs-Beratung möglich ist.

Deshalb schult unser xlim Ernährungs-Beratungs-Team nicht nur in regelmäßigen Abständen die Mitarbeiter der xlim Aktions-Apotheken, sondern führt an den xlim Apotheken-Aktionstagen selbst individuelle Ernährungs-Beratungen für unsere xlim Apotheken-Kunden durch. Wann in welchen Apotheken xlim Aktionstage durchgeführt werden finden Sie im xlim Apothekenfinder auf der Webseite **www.xlim.de**

xlim Apotheken-Kunden, die nicht zu den xlim Apotheken-Aktionstagen ihrer Apotheke kommen können, wird eine individuelle telefonische Beratung durch die für die jeweilige xlim Aktions-Apotheke zuständige xlim Ernährungs-Beraterin oder über die xlim Ernährungs-Beratungs-Hotline in Hennef angeboten. Damit ist gewährleistet, dass xlim Apotheken-Kunden jederzeit fachlichen Rat einholen können und im Rahmen des selbstbestimmten xlim Gewichtsmanagement-Programms begleitend individuell beraten werden.

Wir haben uns für diese intensive Fachbetreuung entschieden, weil für uns der langfristige Erfolg unserer xlim Apotheken-Kunden höchste Priorität hat. Wir fühlen uns allen unseren xlim Apotheken-Kunden verpflichtet, weil wir nur erfolgreich sein können, wenn jeder xlim Anwender mit Hilfe der xlim Produkte und xlim Koch-Rezepte in der Lage ist, sein Gewicht entsprechend seinen persönlichen Vorstellungen und Möglichkeiten dauerhaft kontrollieren zu können.

Koch-Rezepte für das selbstbestimmte xlim Gewichtsmanagement-Programm

Mit Hilfe der xlim Koch-Rezepte können Sie schnell und einfach leckere, abwechslungsreiche Mischkost-Mahlzeiten für jedermanns Geschmack zubereiten. Die xlim Koch-Rezepte enthalten hauptsächlich Zutaten, die Sie überall preisgünstig kaufen können. Alle xlim Koch-Rezepte wurden vom xlim Ernährungs-Beratungs-Team, erfahrenen Ernährungs-Beraterinnen, zusammengestellt und getestet.

Anhand der nachstehend abgebildeten Symbole können Sie sich orientieren, wenn Sie z. B. eine Intoleranz haben oder sich vegan ernähren.

Einige Zutaten gibt es sowohl als vegane als auch als nicht vegane Variante, wie z. B. Essig. Bei der Klärung kommen teilweise Hilfsmittel tierischer Herkunft zum Einsatz. Achten Sie deshalb auf die Produktkennzeichnung „vegan“. Ebenso gibt es Zutaten, die sowohl frei von Gluten als auch mit Glutenzusatz erhältlich sind. Zum Beispiel kann es bei Senf oder auch Light-Produkten zum Einsatz von glutenhaltigen Zutaten kommen. Bei Senf kann es zudem auch zum Einsatz von lactosehaltigen Zutaten kommen. Bitte prüfen Sie daher die in den Rezepten aufgelisteten Lebensmittel beim Einkauf zusätzlich immer anhand der Zutatenliste auf der Verpackung, um sicher zu gehen, dass keine Zutaten enthalten sind, die Sie nicht vertragen können.

Gar- und Backzeiten

Die Garzeiten sind u.a. abhängig von der Menge und Qualität der Zutaten. Bei Obst und Gemüse hat auch z. B. der Reifegrad Einfluss auf Geschmack und Konsistenz der Mahlzeiten. Backzeiten können variieren, da sie u.a. vom Backofen, der Größe und dem Material der Backform abhängig sind. Wir empfehlen in unseren Koch-Rezepten, den Backofen vorzuheizen. Zudem spielt der persönliche Geschmack eine entscheidende Rolle. Manche mögen ihr Gemüse bissfest, andere lieber weicher.

Zeitangaben

Wir geben bei unseren Koch-Rezepten die Gesamtzeit an, d. h. Zubereitungs- plus Garzeit.

Obst

Wenn möglich verwenden wir Bio-Obst bzw. unbehandeltes Obst, insbesondere wenn Schalen von z. B. Orange oder Zitrone im Koch-Rezept verwendet werden.

Eier

Die von uns in den Koch-Rezepten verwendeten Eier haben die Größe M.

Mehl

Wenn nicht anders beschrieben, verwenden wir in den Koch-Rezepten Mehl Type 405.

Gewürze

Unsere Koch-Rezepte wurden mit viel Mühe kreiert und abgeschmeckt. Da aber Geschmäcker verschieden sind, sollten die Mahlzeiten vor dem Servieren nach eigenem Geschmack abgeschmeckt werden. Gehen Sie dabei sparsam mit Salz um und verwenden stattdessen frische Kräuter.

Bei der Verwendung von Chilischoten hängt der Schärfegrad u.a. von der eingesetzten Sorte ab (siehe Info S. 111). Bei frischen Schoten kann die Schärfe verringert werden, indem man Kerne und Trennhäute entfernt.

Für den langfristigen Erfolg ist es wichtig, dass Sie durch die große Auswahl Abwechslung in Ihr selbstbestimmtes xlim Gewichtsmanagement-Programm bringen können. Mit Genuss und Abwechslung wird es Ihnen leichter fallen, Ihre Traumfigur zu erreichen und zu bewahren.

xlim Frühstück-Rezepte

Viele nehmen sich zum Frühstück nicht viel Zeit, weil sie nach dem Aufstehen schnell zur Arbeit wollen. Sie frühstücken nur eine Tasse Kaffee mit etwas Süßem, z. B. einen Toast mit Konfitüre. Als Folge steigt der Insulin-Spiegel und sie haben schon bald wieder das Verlangen nach Süßem, das dann am Arbeitsplatz mit Süßigkeiten gestillt wird. Aus diesem Teufelskreis können sie sich dann nicht mehr lösen und wundern sich, dass sie den ganzen Tag lang hungrig sind.

Mit Hilfe der xlim Frühstück-Rezepte können Sie sich einfach und schnell z. B. ein Müsli oder ein Rührei zubereiten. Diese schmecken gut, liefern Ihnen die benötigte Power für den Start in den Tag, machen anhaltend satt und bremsen den Heißhunger auf Süßes. Ohne die lästigen Hungergefühle können Sie sich ganz auf Ihre Arbeit konzentrieren oder Ihre Freizeit ungetrübt genießen.

VEGAN

Frühstück

Mini-Amaranth-Pfannkuchen

ca. 30 Min.

Für 2 Personen (6 Stück)

Zutaten:

Pfannkuchen:
60 g Vollkornmehl
140 ml Sojadrink, ungesüßt
20 g Ahornsirup
1 gestr. TL Backpulver
1 Prise Salz
½ TL Vanille, gemahlen
30 g Amaranth, gepufft

Blaubeer-Joghurt:
150 g Blaubeeren, TK oder frisch
30 g Ahornsirup
80 g Sojajoghurt, natur

Garnitur:
2 EL Blaubeeren

Zubereitung:

- Alle Zutaten für den Teig, bis auf den Amaranth, mit einem Schneebesen zu einem glatten Teig vermengen.
- Amaranth unterheben. Eine beschichtete Pfanne mit etwas Öl ausstreichen und erhitzen.
- Pro Pfannkuchen ca. 1 - 2 EL Teig in die Pfanne geben und bei mittlerer Hitze 4 Minuten braten, vorsichtig wenden und dann weitere 4 Minuten backen.
- Alle Zutaten für den Joghurt gut miteinander vermengen. Pfannkuchen mit Blaubeer-Joghurt anrichten und mit Blaubeeren garniert servieren.

Durchschnittliche Nährwerte pro Pfannkuchen:

kcal	kJ	Eiweiß	Fett	Kohlenhydrate	Ballaststoffe
70	294	2,6 g	< 1 g	13 g	1 g

Durchschnittliche Nährwerte pro Portion (3 Pfannkuchen + Blaubeer-Joghurt):

kcal	kJ	Eiweiß	Fett	Kohlenhydrate	Ballaststoffe
304	1273	10 g	4,8 g	54 g	7,5 g

VEGAN GLUTEN-FREI

Frühstück

Amaranth-Joghurt mit Beeren

Für 2 Personen

ca. 15 Min.

Zutaten:

60 g Amaranth, gepufft
260 g Sojajoghurt, natur
2 ½ EL Ahornsirup
200 g Beeren
(z. B. Blaubeeren, Himbeeren etc.)
1 Messersp. Vanille, gemahlen
10 g Kokosraspel

Zubereitung:

- Amaranth und Sojajoghurt mischen und mit 1 EL Ahornsirup süßen.
- Beeren verlesen.
- 1 ½ EL Ahornsirup mit Vanille mischen und die Beeren darin marinieren.
- Kokosraspel bei Belieben in einer Pfanne ohne Fett ca. 3 Minuten anrösten, bis sie leicht Farbe annehmen.
- Beeren mit dem Amaranth-Joghurt in 2 Gläser schichten und mit (gerösteten) Kokosraspel toppen.

Durchschnittliche Nährwerte pro Portion:

kcal	kJ	Eiweiß	Fett	Kohlenhydrate	Ballaststoffe
292	1226	11 g	8,9 g	38 g	8,1 g

VEGAN GLUTEN-FREI

Frühstück

Apfel-Zimt-Quinoa

ca. 20 Min.

Für 2 Personen

Zutaten:

100 g Quinoa
280 ml Mandeldrink, ungesüßt
2 - 3 TL Zimt
1 Prise Salz
1 Apfel (ca. 180 g)
2 TL Ahornsirup
2 EL (30 g) Apfelmark
15 g Walnüsse, gehackt

Zubereitung:

- Quinoa in einem Sieb unter fließendem Wasser gemäß Packungsangabe abspülen, gut abtropfen lassen und anschließend mit dem Mandeldrink, dem Zimt und dem Salz aufkochen, dabei gelegentlich umrühren.
- Die Quinoa-Mandeldrink-Mischung auf kleiner Flamme für ca. 12 Minuten köcheln lassen, bis eine geschmeidige Masse entsteht. Dabei immer wieder umrühren. Die Masse mit dem Ahornsirup zugedeckt einige Minuten ziehen lassen.
- Einen Apfel klein schneiden und in einer Pfanne oder einem Topf mit etwas Wasser weichkochen. Abtropfen lassen und unter die Quinoa-Mandeldrink-Mischung heben.
- Apfelmark in ein Glas geben, darauf die Quinoa-Mandeldrink-Mischung schichten. Mit Walnüssen garniert servieren.

Durchschnittliche Nährwertangaben pro Portion:

kcal	kJ	Eiweiß	Fett	Kohlenhydrate	Ballaststoffe
321	1343	9,3 g	9,7 g	49 g	5,8 g

VEGETARISCH

Frühstück

Erdbeer-Kokos-Müsli

Für 2 Personen

Zutaten:

80 g Haferflocken (Vollkorn)
200 g Erdbeeren
1 TL Honig
300 g Naturjoghurt, fettarm (1,5 % Fett)
1 TL Kokosraspel

Erdbeeren waschen

- Bevor Sie die Erdbeeren putzen, sollten Sie die Früchte waschen. Die empfindlichen Erdbeeren vertragen keinen harten Wasserstrahl. Spülen Sie die Erdbeeren deshalb nur mit der Handbrause vorsichtig ab.

Erdbeeren trocknen

- Lassen Sie die Erdbeeren vor dem Putzen in einem Sieb gut abtropfen. Sie können die Früchte zusätzlich mit Küchenpapier abtupfen, wenn sie für die weitere Verarbeitung ganz trocken sein sollen.

Erdbeeren putzen

- Schneiden Sie die Kelchblätter mit einem scharfen Messer aus den Früchten heraus (s. Tipp).

Zubereitung:

- Vierteln oder halbieren Sie die Erdbeeren und vermischen alle restlichen Zutaten miteinander.

Durchschnittliche Nährwertangaben pro Portion:

kcal	kJ	Eiweiß	Fett	Kohlenhydrate	Ballaststoffe
278	1169	12 g	7 g	38 g	6 g

TIPP

Sie sollten die Kelchblätter immer erst nach dem Waschen von den Erdbeeren entfernen, damit die Früchte sich nicht mit Wasser vollsaugen.

VEGETARISCH

Frühstück

Ei-Frühstück

ca. 15 Min.

Für 2 Personen

Zutaten:

3 Eier
75 g Vollkornbrot
(2 kleine Scheiben)
1 - 2 EL Kresse
100 g Kräuterquark, fettarm (10 % Fett)
200 g Gurke

Zubereitung:

- Eier hart kochen (siehe Info).
- Vollkornbrot mit dem Kräuterquark bestreichen, die hartgekochten Eier in Scheiben schneiden und auf das Vollkornbrot legen.
- Die Gurke waschen und in Scheiben schneiden.
- Mit Kresse und den Gurkenscheiben servieren.

INFO

Konsistenz	Kochzeit
weich	3 - 5 Min.
kernweich	6 - 8 Min.
hart	8 - 10 Min.

Durchschnittliche Nährwertangaben pro Portion:

kcal	kJ	Eiweiß	Fett	Kohlenhydrate	Ballaststoffe
233	972	19 g	9 g	18 g	5 g

VEGETA-RISCH

Frühstück

xlim Schokobrei

ca. 5 Min.

Für 2 Personen

Zutaten:
40 g Reisflocken
(oder Schmelzflocken)
40 g xlim Aktiv Mahlzeit Schoko
260 ml Milch, fettarm (1,5 % Fett)
100 g Banane

Zubereitung:

- Die Reisflocken (oder Schmelzflocken) mit der Milch und dem xlim Aktiv Mahlzeit Pulver in eine Müslischüssel geben und mit einem Löffel gut vermengen.
- Die Banane klein schneiden und unterrühren.

Durchschnittliche Nährwertangaben pro Portion:

kcal	kJ	Eiweiß	Fett	Kohlenhydrate	Ballaststoffe
245	1023	17 g	5,6 g	29 g	5,9 g

VEGETARISCH

Frühstück

Käse-Salat-Brot

ca. 10 Min.

Für 2 Personen

Zutaten:
30 g Frischkäse, fettarm (10 % F. i. Tr.)
100 g Vollkornbrot (2 mittlere Scheiben)
70 g Käse (30 % F. i. Tr.)
50 g Tomate
60 g Gurke
Petersilie

Zubereitung:

- Tomaten und Gurke waschen und in Scheiben schneiden.
- Das Brot mit Frischkäse bestreichen und mit dem Käse belegen.
- Tomaten und Gurken auf dem Brot anrichten.
- Mit Petersilie garniert servieren.

INFO

Fett in der Trockenmasse (F. i. Tr.) bezieht sich auf den Prozentsatz von Fettanteilen, die sich in der Käsemasse befinden, nachdem ihr alle Wasseranteile entzogen wurden.

Durchschnittliche Nährwertangaben pro Portion:

kcal	kJ	Eiweiß	Fett	Kohlenhydrate	Ballaststoffe
209	877	16 g	7 g	21 g	5 g

VEGETA-RISCH

Frühstück

Möhren-Nuss-Müsli

ca. 15 Min.

Für 2 Personen

Zutaten:

150 g Möhren
150 g Apfel
etwas Zitronensaft
250 g Naturjoghurt, fettarm (1,5 % Fett)
90 g Haferflocken (Vollkorn)
30 g Walnüsse gehackt
1 TL Honig

Zubereitung:

- Möhren schälen und fein raspeln.
- Apfel schälen, vom Kerngehäuse befreien und raspeln. Den fein geraspelten Apfel zu den Möhren hinzufügen und mit etwas Zitronensaft beträufeln.
- Haferflocken mit dem Naturjoghurt vermengen.
- Nun den fein geraspelten Apfel und die Möhren sowie die Walnüsse beimengen und bei Bedarf mit Honig süßen.

Durchschnittliche Nährwertangaben pro Portion:

kcal	kJ	Eiweiß	Fett	Kohlenhydrate	Ballaststoffe
348	1458	12 g	11 g	48 g	9 g

VEGETARISCH GLUTENFREI

Frühstück

Obstsalat

ca. 10 Min.

Für 2 Personen

Zutaten:

250 g Apfel
200 g Trauben
250 g Banane
50 g Mandarine
100 g Kiwi
300 g Naturjoghurt, fettarm (1,5 % Fett)

Zubereitung:

- Obst waschen, schälen und klein schneiden.
- Anschließend Joghurt mit dem kleingeschnittenen Obst vermischen.

Durchschnittliche Nährwertangaben pro Portion:

kcal	kJ	Eiweiß	Fett	Kohlenhydrate	Ballaststoffe
360	1502	8 g	4 g	68 g	9 g

VEGETARISCH

Frühstück

Bananen-Apfel-Müsli mit Pfirsich

Zubereitung:

- Apfel und Pfirsich waschen, entkernen und in mundgerechte Stücke schneiden.
- Banane schälen und ebenfalls in Stücke schneiden.
- Naturjoghurt und Müsli vermengen und mit den Früchten verrühren.
- Anschließend mit Honig süßen.

Für 2 Personen

ca. 10 Min.

Zutaten:

40 g Müsli (Vollkorn)
200 g Naturjoghurt, fettarm (1,5 % Fett)
200 g Apfel
100 g Banane
150 g Pfirsich
1 TL Honig

Durchschnittliche Nährwertangaben pro Portion:

kcal	kJ	Eiweiß	Fett	Kohlenhydrate	Ballaststoffe
266	1114	7 g	6 g	44 g	6 g

VEGETARISCH

Frühstück

Himbeer-Quark-Müsli

ca. 10 Min.

Für 2 Personen

Zutaten:
100 g Himbeeren
250 g Magerquark
60 g Müsli (Vollkorn)
1 TL Honig

Zubereitung:
- Den Honig mit dem Quark glatt rühren.
- 3 EL des Honig-Quarks mit der Hälfte der Himbeeren vermengen und pürieren.
- Im Wechsel Müsli, Quark (pur) und Himbeer-Honig-Quark in ein Glas schichten und mit den restlichen Himbeeren und dem Müsli garnieren.

TIPP

Verwenden Sie zwischendurch auch einmal einen anderen Honig wie z. B. Akazienhonig, Waldblütenhonig oder Rapshonig.

Durchschnittliche Nährwertangaben pro Portion:

kcal	kJ	Eiweiß	Fett	Kohlenhydrate	Ballaststoffe
237	992	20 g	5 g	23 g	4 g

LACTOSE-FREI · VEGETARISCH · GLUTENFREI

Frühstück

Rührei mit Gemüse und Tofu

ca. 15 Min.

Für 2 Personen

Zutaten:

75 g Paprika
2 EL Schnittlauch
2 Eier
100 g Seidentofu
Salz
Pfeffer
1 TL Olivenöl

Zubereitung:

- Paprika fein würfeln und Schnittlauch in Röllchen schneiden.
- Eier und Seidentofu miteinander vermengen, mit etwas Salz und Pfeffer würzen.
- Öl in einer beschichteten Pfanne erhitzen, die Paprika für ca. 3 Minuten anbraten und dann die Ei-Tofu-Masse hinzugeben und unter Rühren stocken lassen.
- Zusammen mit dem Schnittlauch garnieren.

Durchschnittliche Nährwertangaben pro Portion:

kcal	kJ	Eiweiß	Fett	Kohlenhydrate	Ballaststoffe
152	634	11 g	11 g	2,7 g	1,7 g

INFO

Seidentofu wird nicht abgetropft und hat von allen frischen Tofusorten den höchsten Feuchtigkeitsgehalt. In Japan und Korea wird traditioneller Seidentofu mit Meerwasser hergestellt.

VEGETARISCH GLUTENFREI

Frühstück

Rührei mit Feta

ca. 15 Min.

Für 2 Personen

Zutaten:
5 Eier
½ Bund Thymian
½ EL Rapsöl
150 g Kirschtomaten
100 g Feta, light
Salz
Pfeffer

Zubereitung:

- Eier verquirlen. Thymianblättchen von den Stielen zupfen und mit etwas Salz und Pfeffer zu der Eimasse geben.
- Tomaten waschen und vierteln. Feta zerbröseln.
- Öl in einer beschichteten Pfanne erhitzen. Eimasse hinzugeben und stocken lassen, dann leicht verrühren und Tomaten und Feta hinzugeben und abgedeckt für weitere 3 Minuten stocken lassen.
- Nach Belieben z. B. mit frischem Basilikum garnieren.

Durchschnittliche Nährwertangaben pro Portion:

kcal	kJ	Eiweiß	Fett	Kohlenhydrate	Ballaststoffe
322	1342	27 g	23 g	3 g	< 1 g

VEGETARISCH

Frühstück

Knäckebrot Apfel-Zimt

ca. 10 Min.

Für 2 Personen

Zutaten:
80 g Knäckebrot (6 Scheiben)
200 g Magerquark
200 g Apfel
1 TL Honig
Zimt
1 - 2 EL Kresse

Zubereitung:

- Apfel waschen, entkernen und in Scheiben schneiden.
- Magerquark mit Honig und Zimt vermengen und auf das Knäckebrot streichen.
- Apfelscheiben auf dem Knäckebrot verteilen und mit Kresse garnieren.

Durchschnittliche Nährwertangaben pro Portion:

kcal	kJ	Eiweiß	Fett	Kohlenhydrate	Ballaststoffe
264	1103	17 g	1 g	43 g	8 g

VEGETA-RISCH

Frühstück

Beeren-Müsli

ca. 10 Min.

Für 2 Personen

Zutaten:

400 g Naturjoghurt, fettarm (1,5 % Fett)
200 g Beerenobst (frisch oder TK)
75 g Haferflocken (Vollkorn)
30 g Walnüsse (gehackt)

Zubereitung:

- Frische Beeren waschen (tiefgekühlte Beeren auftauen) und je nach Größe halbieren.
- Beeren zusammen mit Haferflocken und Nüssen unter den Joghurt heben.

Durchschnittliche Nährwertangaben pro Portion:

kcal	kJ	Eiweiß	Fett	Kohlenhydrate	Ballaststoffe
307	1285	14 g	11 g	37 g	6 g

Frühstück

Vollkornsandwich

Für 2 Personen

ca. 10 Min.

Zutaten:

100 g Vollkorntoast
(4 Scheiben)
100 g Gurke
100 g Tomate
100 g Eisbergsalat
100 g Kochschinken
150 g Kräuterquark, fettarm (10 % Fett)

Zubereitung:

- Gurke, Tomate und Eisbergsalat waschen. Anschließend Gurke und Tomate in Scheiben schneiden.
- Vollkorntoast toasten und mit dem Kräuterquark bestreichen.
- Vollkorntoast mit Salat, Kochschinken und den Tomaten- und Gurkenscheiben belegen.

Durchschnittliche Nährwertangaben pro Portion:

kcal	kJ	Eiweiß	Fett	Kohlenhydrate	Ballaststoffe
240	1008	24 g	4,1 g	25 g	5,9 g

Frühstück

Rühriei mit Krabben

ca. 15 Min.

Für 2 Personen

Zutaten:

75 g Vollkornbrot
(2 kleine Scheiben)
100 g Krabben
1 TL Rapsöl
60 g Tomaten
4 Eier
50 ml Milch, fettarm (1,5 % Fett)
½ Bund Dill, fein gehackt
Salz
Pfeffer

Zubereitung:

- Eier, Milch, etwas Salz und Pfeffer verquirlen.
- Rapsöl in der Pfanne erhitzen und die Eimasse bei mittlerer Hitze stocken lassen.
- Vorsichtig das Ei mit einem Pfannenwender von außen nach innen ziehen.
- Tomaten säubern und vierteln.
- Krabben, Tomaten und Dill unter das Rührei heben, warm werden lassen und mit Vollkornbrot servieren.

Durchschnittliche Nährwertangaben pro Portion:

kcal	kJ	Eiweiß	Fett	Kohlenhydrate	Ballaststoffe
326	1360	26 g	17 g	18 g	3 g

Frühstück

Lachsbrötchen mit Meerrettichquark

ca. 5 Min.

Für 2 Personen

Zutaten:
100 g Gurke
2 Vollkornbrötchen
100 g Magerquark
2 TL geriebener Meerrettich
80 g Räucherlachs
Salz
Pfeffer
Dill

Zubereitung:

- Brötchen aufschneiden.
- Gurke schälen und in Scheiben schneiden.
- Quark mit Meerrettich, etwas Salz und Pfeffer vermengen und auf die Brötchenhälften streichen.
- Mit Gurke und Lachs belegen und mit Dill garnieren.

Durchschnittliche Nährwertangaben pro Portion:

kcal	kJ	Eiweiß	Fett	Kohlenhydrate	Ballaststoffe
232	967	20 g	6 g	24 g	4 g

xlim Rezepte für Dips, Aufstriche und Dressings

Dips sind für viele Mahlzeiten eine Bereicherung und lassen sich meist ohne viel Aufwand zubereiten. Mit Gemüsesticks kombiniert eignen sie sich z. B. als leichte Mahlzeit im Büro. Selbstgemachte Brotaufstriche sorgen für mehr Abwechslung – probieren Sie z. B. die Thunfischcreme zu Knäckebrot. Mit einem Dressing verleihen Sie Ihrem Salat die entscheidende Geschmacksnote. Ob säuerlich, fruchtig-süß oder herb – je nach Geschmack können Sie variieren.

GLUTEN-FREI VEGAN

Dips

Mango-Chutney

Zubereitung:

- Mango, Zwiebel und Ingwer schälen.
- Zwiebel und Ingwer fein würfeln. Mango ebenfalls würfeln. Chili längs halbieren, Kerne entfernen und fein hacken.
- Essig, Limettensaft und Agavendicksaft in einem Topf erhitzen. Mango, Zwiebel, Ingwer und Chili zugeben. Mango-Chutney für ca. 10 - 15 Minuten köcheln lassen.
- Mango-Chutney mit Curry, Salz und Pfeffer abschmecken und je nach gewünschter Konsistenz noch pürieren.

Für ca. 10 Portionen

ca. 25 Min.

Zutaten:

1 - 2 Mangos
(ca. 400 g Fruchtfleisch)
50 g Zwiebel, rot
1 Stück Ingwer (ca. 5 g)
¼ rote Chilischote
1 EL Weißwein-Essig
Saft von ½ Limette
1 EL Agavendicksaft
Currypulver
Salz
Pfeffer

Durchschnittliche Nährwertangaben pro Portion (45 g):

kcal	kJ	Eiweiß	Fett	Kohlenhydrate	Ballaststoffe
30	127	< 1 g	< 1 g	6,5 g	< 1 g

VEGAN GLUTEN-FREI

Dips

Kichererbsencreme

ca. 10 Min.

Für ca. 8 Portionen

Zutaten:

¼ Stück Chilischote, rot
240 g Kichererbsen, vorgegart
100 ml Gemüsesaft
2 EL Schnittlauchröllchen
1 Spritzer Zitronensaft
Salz
Currypulver

Zubereitung:

- Chilischote entkernen und klein hacken.
- Kichererbsen abtropfen lassen und zusammen mit Chili und dem Gemüsesaft in einem hohen Gefäß mit dem Stabmixer pürieren.
- Schnittlauch unterrühren und mit Zitronensaft, Salz und Curry würzen.

Durchschnittliche Nährwertangaben pro Portion:

kcal	kJ	Eiweiß	Fett	Kohlenhydrate	Ballaststoffe
37	156	1,9 g	< 1 g	4,7 g	< 1 g

VEGETARISCH · GLUTENFREI

Dips

Kräuterquark

ca. 10 Min.

Für 6 Portionen

Zutaten:
200 g Magerquark
30 ml Mineralwasser
2 EL frische Kräuter
Salz
Pfeffer

Zubereitung:

- Magerquark mit Mineralwasser verrühren und mit etwas Salz und Pfeffer würzen.
- Kräuter waschen und fein hacken. Anschließend Quark mit Kräutern vermengen und mit Salz und Pfeffer würzen.

Durchschnittliche Nährwertangaben pro Portion (45 g):

kcal	kJ	Eiweiß	Fett	Kohlenhydrate	Ballaststoffe
30	123	4,8 g	< 1 g	1,7 g	< 1 g

TIPP

Passt gut zu einer Scheibe Vollkornbrot.

VEGETARISCH GLUTENFREI

Dips

Kapern-Dip

ca. 10 Min.

Für 2 Personen

Zutaten:

150 g Crème fraîche légère
½ EL Senf
50 g Radieschen
35 g Zwiebel
10 g Kapern
1 EL Dill
etwas Paprikapulver

Zubereitung:

- Crème fraîche légère mit Senf verrühren.
- Radieschen und Zwiebel fein würfeln und mit den restlichen Zutaten vermengen.

TIPP

Passt gut zu Gemüse-Sticks (z. B. Möhren, Paprika etc.)

Durchschnittliche Nährwertangaben pro Portion:

kcal	kJ	Eiweiß	Fett	Kohlenhydrate	Ballaststoffe
142	594	3,2 g	12 g	6 g	1,1 g

VEGETARISCH
GLUTENFREI

Aufstriche

Möhren-Feta-Brotaufstrich

Zubereitung:

- Möhren waschen, schälen und in kleinere Stücke schneiden. Den Knoblauch ebenfalls schälen und den Feta zerbröseln.
- Frischkäse, Feta, Knoblauch und Möhren pürieren.
- Mit etwas Salz, Pfeffer, Curry und Kräutern abschmecken und nochmals verrühren.

ca. 10 Min.

Für 10 Portionen

Zutaten:
200 g Möhren
200 g Feta, light
200 g Frischkäse, light (10 % F. i. Tr.)
1 Knoblauchzehe
Salz, Pfeffer
Curry
frische Kräuter
(z. B. Olivenkraut, Schnittlauch, Petersilie)

Durchschnittliche Nährwertangaben pro Portion:

kcal	kJ	Eiweiß	Fett	Kohlenhydrate	Ballaststoffe
55	233	7 g	2 g	2 g	< 1 g

TIPP

Bärlauch schmeckt ähnlich wie Knoblauch, aber verursacht keinen Mundgeruch und ist somit gut als Alternative geeignet.

VEGAN GLUTEN-FREI

Aufstriche

Brotaufstrich Apfel-Curry

ca. 10 Min.

Für 9 Portionen

Zutaten:
1 Apfel (ca. 120 g), süß-säuerlich
1 EL Limettensaft
200 g Tofu, natur, fest
1 EL Rapsöl
1 TL Salz
1 TL Kurkuma
1 TL Curry, süß
1 TL Curry, scharf
1 Stück Ingwer (ca. 5 g)
Pfeffer

Zubereitung:

- Den Apfel schälen, vom Kerngehäuse befreien und würfeln. Zusammen mit dem Limettensaft im Mixer pürieren.
- Den Tofu würfeln und zusammen mit den anderen Zutaten zum Apfel geben. Alles zu einer homogenen Masse pürieren und nochmals abschmecken.

Durchschnittliche Nährwertangaben pro Portion:

kcal	kJ	Eiweiß	Fett	Kohlenhydrate	Ballaststoffe
41	173	2 g	3 g	2 g	< 1 g

GLUTEN-FREI

Aufstriche

Thunfischcreme

Zubereitung:

- Zwiebeln schälen und in kleine Würfel schneiden.
- Tomaten waschen und in kleine Würfel schneiden.
- Gewürzgurken ebenfalls in kleine Würfel schneiden.
- Ei hart kochen (siehe Info Seite 18).
- Thunfisch abtropfen lassen und mit Zwiebeln, Tomate, Gewürzgurken, Ei und Frischkäse zu einer Creme verrühren und mit etwas Salz und Pfeffer würzen.

ca. 15 Min.

Für 2 Personen

Zutaten:
100 g Thunfisch, im eigenen Saft
1 Ei
70 g Zwiebeln
50 g Gewürzgurke
30 g Frischkäse, fettarm (10 % F. i. Tr.)
100 g Tomate
Salz
Pfeffer

Durchschnittliche Nährwertangaben pro Portion:

kcal	kJ	Eiweiß	Fett	Kohlenhydrate	Ballaststoffe
188	787	17 g	11 g	4,6 g	1,3 g

TIPP

Mit Salz sparsam umgehen. Verwenden Sie lieber frische Kräuter wie z. B. Schnittlauch, Rosmarin, Petersilie, Basilikum etc.

VEGETARISCH GLUTENFREI

Dressings

Buttermilch-Senf-Dressing

ca. 5 Min.

Für 4 Portionen

Zutaten:

1 ½ EL Senf, mittelscharf
2 EL Zitronensaft
170 ml Buttermilch
1 TL Honig
1 ½ EL Rapsöl
1 Schalotte
Salz, Pfeffer
Kräuter nach Belieben
(z. B. frischer Estragon), fein geschnitten

Zubereitung:

- Senf, Zitronensaft, Buttermilch und Honig in ein hohes Gefäß geben und mit dem Stabmixer pürieren. Öl hinzufügen und nochmals pürieren.
- Schalotte schälen, klein würfeln und unterrühren.
- Das Dressing mit Salz, Pfeffer und frischen Kräutern abschmecken.

TIPP

Passt gut zu Blattsalaten, Radicchio und Chicorée.

Durchschnittliche Nährwertangaben pro Portion:

kcal	kJ	Eiweiß	Fett	Kohlenhydrate	Ballaststoffe
62	260	2,1 g	4,4 g	3,4 g	< 1 g

VEGETA-RISCH GLUTEN-FREI

Dressings

Zitronen-Joghurt-Dressing

Zubereitung:

- Joghurt, Öl und Zitronensaft miteinander verrühren.
- Frühlingszwiebel in kleine Ringe schneiden und unterrühren.
- Mit Salz und Pfeffer würzen und die frischen Kräuter unterheben.

Für 4 Portionen

ca. 5 Min.

Zutaten:
200 g Naturjoghurt, fettarm (1,5 % Fett)
2 EL Olivenöl
Saft von ½ Zitrone
2 Frühlingszwiebeln
Salz, Pfeffer
Frische Kräuter nach Belieben (z. B. Melisse oder Dill)

Durchschnittliche Nährwertangaben pro Portion:

kcal	kJ	Eiweiß	Fett	Kohlenhydrate	Ballaststoffe
92	386	1,8 g	8,3 g	2,3 g	< 1 g

TIPP

Passt gut zu Blattsalaten, Gurken- und Möhrensalat.

VEGETARISCH · GLUTENFREI

Dressings

Feuriges Avocado-Dressing

ca. 5 Min.

Für 4 Portionen

Zutaten:

80 g Avocado
1 Knoblauchzehe
Saft von 1 Limette
150 g Naturjoghurt, fettarm (1,5 % Fett)
Salz
Pfeffer
Chilipulver

Zubereitung:

- Die Avocado halbieren und das reife Fruchtfleisch herauslöffeln. Knoblauchzehe pellen.
- Avocado, Knoblauch, Limettensaft und Joghurt in ein hohes Gefäß geben und pürieren. Mit Salz und Pfeffer abschmecken und je nach gewünschter Schärfe mit Chilipulver würzen.
- Das Dressing kann noch mit Wasser verdünnt werden.

TIPP

Passt gut zu einem Salat mit Garnelen.

Durchschnittliche Nährwertangaben pro Portion:

kcal	kJ	Eiweiß	Fett	Kohlenhydrate	Ballaststoffe
64	269	1,8 g	5,4 g	2,0 g	1,3 g

VEGETA-RISCH GLUTEN-FREI

Dressings

Pfirsich-Mango-Dressing

Zubereitung:

- Mango und Pfirsich schälen, Kerne entfernen und das Fruchtfleisch mit dem Joghurt, Zitronensaft, Senf, Essig, Chiasamen pürieren. Mit Salz und Pfeffer abschmecken.
- Das Dressing kann noch mit Wasser verdünnt werden.

Für 6 Portionen

ca. 15 Min.

Zutaten:

110 g Pfirsich
250 g Mango
50 g Naturjoghurt, fettarm (1,5 % Fett)
Saft von 1 Zitrone
1 TL Senf, mild
1 EL Rotweinessig (wahlweise Apfelessig)
2 TL Chia-Samen
Salz, Pfeffer

Durchschnittliche Nährwertangaben pro Portion:

kcal	kJ	Eiweiß	Fett	Kohlenhydrate	Ballaststoffe
44	182	1,3 g	< 1 g	7,2 g	1,1 g

TIPP

Je nach gewünschter Schärfe mit Chilipulver würzen.

Passt gut zu einem Salat mit Hähnchenstreifen.

xlim Beilagen-Rezepte

Da das Auge immer mit isst, helfen schöne Beilagen die Attraktivität von Gerichten zu steigern. Gleichzeitig tragen sie durch ihre angenehme Konsistenz zu einem besseren Verzehrerlebnis bei und steigern das Essvergnügen.

VEGAN GLUTEN-FREI

Beilagen

Kohlroulade mit Quinoa

TIPP

Alternativ zu Wirsing eignen sich auch gut Kohlsorten wie z. B. Weiß- oder Chinakohl.

ca. 60 Min.

Für 14 Rouladen

Zutaten:

100 g Quinoa
50 g Wirsing
1 Knoblauchzehe
35 g Zwiebel
5 g Ingwer
½ Chilischote (rot)
250 g Kartoffeln
3 EL Rapsöl
1 Dose (425 ml) Tomaten (stückig)
Salz
Pfeffer

Zubereitung:

- Quinoa in einem Sieb unter fließendem Wasser gemäß Packungsangabe abspülen und in kochendem Salzwasser nach Packungsanweisung garen.
- Kohl putzen, 14 Blätter ablösen und nacheinander in kochendem Wasser blanchieren. Kalt abschrecken und trocken tupfen. Dicke Blattrippe herausschneiden. Restlichen Kohl in feine Streifen schneiden (Strunk vorher entfernen).
- Knoblauch, Zwiebel und Ingwer schälen und fein hacken, Chilischote entkernen und ebenfalls klein hacken.
- Kartoffeln schälen, schneiden und klein würfeln.
- Backofen vorheizen (Umluft 200 °C). Öl in einem Topf erhitzen. Zwiebeln, Knoblauch, Ingwer und Chili darin andünsten. Kartoffeln und Kohlstreifen ca. 3 Minuten mitbraten. Tomaten hinzugeben und weitere 3 Minuten köcheln lassen. Quinoa unterrühren und mit etwas Salz und Pfeffer abschmecken.
- Backblech mit Backpapier auslegen. Kohlblätter mit 1 - 2 EL Quinoa-Gemüse-Masse füllen (auf das obere Drittel des Blattes geben, Blattränder einschlagen und aufrollen) und mit der Nahtseite nach unten auf das Backblech setzen. Im Ofen ca. 20 Minuten garen.

Durchschnittliche Nährwertangaben pro Roulade:

kcal	kJ	Eiweiß	Fett	Kohlenhydrate	Ballaststoffe
91	379	3 g	5 g	9 g	2 g

VEGAN

Beilagen

Blumenkohl mit Zitrone und Kräutern

ca. 20 Min.

Für 2 Personen

Zutaten:
450 g Blumenkohl
25 g Petersilie
1 EL Walnussöl
1 EL Koriandersamen, gemahlen
20 g Semmelbrösel
1 Zitrone
Salz
Pfeffer

Zubereitung:

- Blumenkohl waschen, in etwa gleich große Röschen teilen. Wasser mit etwas Salz und Zitronensaft zum Kochen bringen und den Blumenkohl ca. 12 - 15 Minuten kochen. Abgießen.
- Frische Petersilie fein hacken.
- Öl in einer Pfanne erhitzen. Koriander und Semmelbrösel zufügen und bräunen.
- Zitronenschale einer Zitrone sowie den Saft, Petersilie, Pfeffer und etwas Salz zufügen und abschmecken.
- Die Brösel zusammen mit dem Blumenkohl anrichten.

Durchschnittliche Nährwertangaben pro Portion:

kcal	kJ	Eiweiß	Fett	Kohlenhydrate	Ballaststoffe
157	652	8 g	8 g	11 g	7 g

VEGAN

Beilagen

Blumenkohl mit Walnuss

ca. 20 Min.

Für 2 Personen

Zutaten:
450 g Blumenkohl
1 - 1 ½ EL Zitronensaft
1 EL Walnussöl
20 g Walnüsse, gehackt
2 EL Semmelbrösel
2 EL Liebstöckel, fein gehackt
Salz
Pfeffer

Zubereitung:

- Blumenkohl waschen, in etwa gleich große Röschen teilen. Wasser mit etwas Salz und Zitronensaft zum Kochen bringen und den Blumenkohl ca. 12 - 15 Minuten kochen. Abgießen.
- Öl in einer Pfanne erhitzen. Walnüsse anrösten, Semmelbrösel hinzugeben und unter Rühren hellbraun anrösten. Mit Salz, Pfeffer und Liebstöckel würzen und über den Blumenkohl geben.
- Nach Belieben mit frischen Kräutern garnieren.

Durchschnittliche Nährwertangaben pro Portion:

kcal	kJ	Eiweiß	Fett	Kohlenhydrate	Ballaststoffe
197	820	9 g	11 g	14 g	8 g

VEGAN GLUTEN-FREI

Beilagen

Gurken-Minz-Raita

ca. 10 Min.

Für 2 Personen

Zutaten:

400 g Sojajoghurt, natur
1 Gurke (ca. 370 g)
2 EL frischer Koriander
2 EL frische Minze
½ TL gemahlener Kreuzkümmel
Salz
Pfeffer

Zubereitung:

- Die Gurke schälen, gegebenenfalls halbieren, entkernen und würfeln.
- Die Kräuter fein hacken und alle Zutaten miteinander vermengen.

Durchschnittliche Nährwertangaben pro Portion:

kcal	kJ	Eiweiß	Fett	Kohlenhydrate	Ballaststoffe
124	524	10 g	4,6 g	8,2 g	1 g

VEGAN

Beilagen

Rucola-Püree

ca. 30 Min.

Für 2 Personen

Zutaten:
75 g Rucola
200 g Kartoffeln, mehligkochend
200 ml Gemüsebrühe
1 EL Olivenöl
Salz
Pfeffer

Zubereitung:

- Kartoffeln schälen, in Würfel schneiden und in der Gemüsebrühe ca. 15 Minuten bei geschlossenem Deckel garen.
- Inzwischen Rucola waschen und fein schneiden. In einem hohen Gefäß ca. 50 g Rucola und das Olivenöl mit einem Stabmixer pürieren.
- Die Kartoffeln abgießen und pürieren. Gesamten Rucola unter das warme Kartoffelpüree rühren.

Durchschnittliche Nährwertangaben pro Portion:

kcal	kJ	Eiweiß	Fett	Kohlenhydrate	Ballaststoffe
166	696	3,4 g	9,6 g	17 g	1,5 g

VEGAN

Beilagen

Bulgur-Salat

ca. 40 Min.

Für 2 Personen

Zutaten:

130 ml Tomatensaft
50 g Bulgur, fein
200 g Möhren
1 ½ EL Olivenöl
1 TL Ahornsirup
Saft von ½ Limette
70 g Paprika, rot
3 EL Schnittlauchröllchen
1 Knoblauchzehe
3 Stiele Koriander (oder glatte Petersilie)
Salz
Pfeffer

Zubereitung:

- Tomatensaft in einem Topf aufkochen, Bulgur unterrühren und vom Herd nehmen. Zugedeckt für ca. 35 Minuten quellen lassen.

- Währendessen Möhren schälen und würfeln. ½ EL Öl in einer Pfanne erhitzen und die Möhren darin andünsten. Mit Salz und Pfeffer würzen. 3 - 4 EL Wasser zufügen und zugedeckt für ca. 6 Minuten dünsten. Den Ahornsirup unterrühren und alles einkochen lassen.

- Paprika entkernen und fein würfeln. Knoblauch schälen und pressen. Koriander fein hacken. Paprika, Knoblauch, Koriander und Schnittlauchröllchen in eine Schüssel geben und mit 1 EL Öl und dem Limettensaft vermengen. Bulgur und Möhren unterheben.

Durchschnittliche Nährwertangaben pro Portion:

kcal	kJ	Eiweiß	Fett	Kohlenhydrate	Ballaststoffe
233	976	4,6 g	12 g	27 g	7,1 g

VEGETARISCH

Beilagen

Schmorgemüse

Für 2 Personen

ca. 20 Min.

Zubereitung:

- Zwiebel und Knoblauch schälen und in kleine Stückchen schneiden.
- Restliches Gemüse ebenfalls klein schneiden.
- Zwiebeln und Knoblauch mit Öl in einer Pfanne anbraten. Zucchini und Paprika hinzufügen und einige Minuten schmoren.
- Tomatenstücke dazugeben und mit der aufgekochten Brühe ablöschen.
- Das Ganze köcheln lassen und mit etwas Salz und Pfeffer abschmecken.
- Schmorgemüse mit Kräuterquark zusammen servieren.

Zutaten:

750 g Gemüse
(z. B. Zucchini, Paprika,
Tomate, Aubergine)
½ Zwiebel
1 Knoblauchzehe
100 ml Gemüsebrühe
200 g Kräuterquark, fettarm (10 % Fett)
1 TL Rapsöl
Salz
Pfeffer

Durchschnittliche Nährwertangaben pro Portion:

kcal	kJ	Eiweiß	Fett	Kohlenhydrate	Ballaststoffe
210	878	17 g	5 g	21 g	9 g

VEGETARISCH

GLUTENFREI

Beilagen

Gurken-Mais-Salat

ca. 10 Min.

Für 2 Personen

Zutaten:

180 g Salat (z. B. Eisbergsalat, Römersalat)
300 g Gurke
200 g Mais
1 EL Dill
60 g Saure Sahne
200 g Magerquark
1 Knoblauchzehe
Salz
Pfeffer

Zubereitung:

- Salat klein schneiden, waschen und abtropfen lassen.
- Gurke schälen und in Stücke schneiden. Knoblauch ebenfalls schälen und fein hacken.
- Saure Sahne mit dem Quark verrühren, den gehackten Dill und Knoblauch hinzugeben und alles miteinander vermischen.
- Salat, Mais und Gurke mit dem Dip verrühren und mit etwas Salz und Pfeffer würzen.

Durchschnittliche Nährwertangaben pro Portion:

kcal	kJ	Eiweiß	Fett	Kohlenhydrate	Ballaststoffe
214	846	19 g	5 g	20 g	2 g

VEGETARISCH GLUTENFREI

Beilagen

Kohlrabi-Tofu-Salat

ca. 15 Min.

Für 2 Personen

Zutaten:
½ EL Essig
1 TL Magerquark
1 EL Rapsöl
630 g Kohlrabi
½ EL Zitronensaft
75 g Tofu
10 g Petersilie
Salz

Zubereitung:

- Quark, Öl, Essig, etwas Salz und Zitronensaft zu einer sämigen Sauce verrühren.
- Kohlrabi schälen, in Würfel schneiden und zu der Sauce geben.
- Den Tofu in kleine Würfel schneiden und mit der Sauce und den Kohlrabi vermischen und etwas ziehen lassen.
- Petersilie waschen, hacken und über den Salat streuen.

Durchschnittliche Nährwertangaben pro Portion:

kcal	kJ	Eiweiß	Fett	Kohlenhydrate	Ballaststoffe
180	757	10 g	9 g	14 g	5 g

TIPP

Dazu passt ein Püree (s. S. 49 oder S. 54 - 57).

VEGETARISCH

Beilagen

Möhren-Kartoffel-Püree

ca. 30 Min.

Für 2 Personen

Zutaten:

300 g Möhren
100 g Kartoffeln (mehligkochend)
5 g Ingwer (frisch)
200 ml Gemüsebrühe
½ EL Saure Sahne
1 Prise Muskatnuss
Koriandersamen, gemahlen
Salz
Pfeffer
Schnittlauch

Zubereitung:

- Möhren, Ingwer und Kartoffeln schälen, in Würfel schneiden und in der Gemüsebrühe ca. 15 - 20 Minuten bei geschlossenem Deckel garen.
- Abgießen und pürieren.
- Saure Sahne unterziehen und mit etwas Salz, Pfeffer, Muskatnuss und Koriander würzen und mit Schnittlauch garnieren.

Durchschnittliche Nährwertangaben pro Portion:

kcal	kJ	Eiweiß	Fett	Kohlenhydrate	Ballaststoffe
114	474	3 g	3 g	19 g	5 g

VEGETA-RISCH

Beilagen

Sellerie-Kartoffel-Püree

Zubereitung:

- Sellerie und Kartoffeln schälen, in Würfel schneiden und in der Gemüsebrühe ca. 15 - 20 Minuten bei geschlossenem Deckel garen.
- Abgießen und pürieren.
- Saure Sahne unterziehen und mit etwas Salz, Pfeffer und Muskatnuss würzen.

ca. 30 Min.

Für 2 Personen

Zutaten:
300 g Knollensellerie
100 g Kartoffeln (mehligkochend)
200 ml Gemüsebrühe
½ EL Saure Sahne
1 Prise Muskatnuss
Salz
Pfeffer

Durchschnittliche Nährwertangaben pro Portion:

kcal	kJ	Eiweiß	Fett	Kohlenhydrate	Ballaststoffe
94	397	5 g	3 g	12 g	7 g

VEGETARISCH

Beilagen

Petersilien-Kartoffel-Püree

ca. 30 Min.

Für 2 Personen

Zutaten:

300 g Petersilienwurzeln
100 g Kartoffeln (mehligkochend)
200 ml Gemüsebrühe
½ EL Saure Sahne
1 Prise Muskatnuss
2 EL Petersilie (gehackt)
Salz
Pfeffer

Zubereitung:

- Petersilienwurzeln und Kartoffeln schälen, in Würfel schneiden und in der Gemüsebrühe ca. 15 - 20 Minuten bei geschlossenem Deckel garen.
- Abgießen und pürieren.
- Saure Sahne und Petersilie unterziehen und mit etwas Salz, Pfeffer und Muskatnuss würzen.

Durchschnittliche Nährwertangaben pro Portion:

kcal	kJ	Eiweiß	Fett	Kohlenhydrate	Ballaststoffe
123	517	7 g	4 g	18 g	7 g

VEGETA-RISCH

Beilagen

Kürbis-Kartoffel-Püree

ca. 30 Min.

Zubereitung:

- Kürbis entkernen.
- Kartoffeln schälen. Kartoffeln und Kürbis in Würfel schneiden und in der Gemüsebrühe ca. 15 - 20 Minuten bei geschlossenem Deckel garen.
- Abgießen und pürieren.
- Saure Sahne unterziehen und mit etwas Salz, Pfeffer und Muskatnuss würzen.

Für 2 Personen

Zutaten:

300 g Hokkaido-Kürbis
100 g Kartoffeln (mehligkochend)
200 ml Gemüsebrühe
½ EL Saure Sahne
1 EL Kürbiskerne
1 Prise Muskatnuss
Salz
Pfeffer

Durchschnittliche Nährwertangaben pro Portion:

kcal	kJ	Eiweiß	Fett	Kohlenhydrate	Ballaststoffe
141	592	6 g	6 g	17 g	4 g

VEGETARISCH GLUTENFREI

Beilagen

Frischer Kartoffelsalat

ca. 70 Min.

Für 2 Personen

Zutaten:

400 g Kartoffeln (festkochend)
150 g Cornichons (Gewürzgurken)
50 g Frühlingszwiebeln
2 TL Senf
90 g Frischkäse, fettarm (10 % F. i. Tr.)
6 EL Gewürzgurkensud
Salz
Pfeffer

Zubereitung:

- Kartoffeln in Salzwasser ca. 20 - 25 Minuten kochen.
- Pellen, abkühlen lassen und in Scheiben schneiden. Cornichons klein schneiden. Frühlingszwiebeln in Ringe schneiden. Alles miteinander vermischen.
- Für das Dressing Senf, Frischkäse, Gewürzgurkensud, etwas Salz und Pfeffer miteinander verrühren und über das Gemüse geben. Ca. ½ Stunde durchziehen lassen.

Durchschnittliche Nährwertangaben pro Portion:

kcal	kJ	Eiweiß	Fett	Kohlenhydrate	Ballaststoffe
202	847	9 g	< 1 g	37 g	4 g

VEGETA-RISCH

Beilagen

Italienischer Nudelsalat

ca. 20 Min.

Für 2 Personen

Zutaten:
120 g Vollkornnudeln
1 Knoblauchzehe
80 g Kirschtomaten
8 Oliven
1 Frühlingszwiebel
60 g Mozzarella light
1 1/2 EL weißer Balsamico
1 1/2 l Gemüsebrühe
1 EL Olivenöl
30 g Rucola
Salz
Pfeffer

Zubereitung:

- Bevor Sie die Nudeln in Gemüsebrühe bissfest kochen, entnehmen Sie ca. 2 EL der Gemüsebrühe für das Dressing.
- Für das Dressing die Knoblauchzehe schälen und die Frühlingszwiebeln sowie den Knoblauch fein hacken und mit Essig, Brühe, etwas Salz, Pfeffer und Öl vermengen.
- Mozzarella, Oliven und Tomaten klein schneiden.
- Rucola waschen und abtropfen lassen.
- Nudeln mit den restlichen Zutaten und dem Dressing vermengen.

Durchschnittliche Nährwertangaben pro Portion:

kcal	kJ	Eiweiß	Fett	Kohlenhydrate	Ballaststoffe
324	1357	12 g	11 g	45 g	< 1 g

xlim Rezepte für leichte Gerichte

Für den Fall, dass Sie Ihren Magen nicht so belasten wollen, weil Sie vielleicht zu viel gefrühstückt haben oder abends noch essen gehen, haben wir köstliche leichte Gerichte, die Ihren Magen nicht belasten aber dennoch satt machen. Sie können sich diese auch zu Hause zubereiten und einpacken, um sie als Mittagessen mit zur Arbeit zu nehmen.

VEGAN

Leichte Gerichte

Dinkelsalat

Für 2 Personen

ca. 25 Min.

Zutaten:

60 g Dinkel, schnellkochend
½ Paprika, gelb (ca. 80 g)
100 g Kirschtomaten
100 g Gurke
100 g Möhren
2 Frühlingszwiebeln
Eine Handvoll (ca. 100 g) Salat
(z. B. Römersalat)
1 - 2 EL glatte Petersilie, gehackt
1 EL Olivenöl
1 ½ EL Sojasauce
1 Knoblauchzehe
Salz
Pfeffer

Zubereitung:

- Den Dinkel gemäß Packungsanweisung zubereiten.
- Währenddessen das Gemüse klein würfeln. Knoblauch schälen und pressen und mit Öl, Sojasauce, Salz und Pfeffer vermengen.
- Den gekochten Dinkel etwas abkühlen lassen, unter das Gemüse mischen, mit dem Dressing abschmecken und die Petersilie unterheben.

Durchschnittliche Nährwertangaben pro Portion:

kcal	kJ	Eiweiß	Fett	Kohlenhydrate	Ballaststoffe
223	938	7,4 g	8,5 g	28 g	7,2 g

VEGAN

Leichte Gerichte

Rotkohlsalat mit Couscous

ca. 25 Min.

Für 2 Personen

Zutaten:

400 g Rotkohl
1 ½ EL Walnussöl
3 EL Weißweinessig
2 EL Preiselbeeren aus dem Glas
150 ml Gemüsebrühe
80 g Couscous
80 g Rucola

Zubereitung:

- Gemüsebrühe aufkochen, Couscous in eine große Schüssel geben, damit übergießen und 5 Minuten quellen lassen. Couscous durchrühren und weitere 5 Minuten quellen lassen.
- Inzwischen den Rotkohl putzen, in sehr feine Streifen schneiden und in reichlich kochendem Salzwasser ca. ½ bis 1 Minute (je nach Dicke der Streifen) blanchieren. Anschließend abschrecken und abtropfen lassen.
- Öl, Essig und Preiselbeeren miteinander verrühren und mit den Rotkohlstreifen mischen. Couscous unterheben und den Salat mit Salz und Pfeffer würzen.

Durchschnittliche Nährwertangaben pro Portion:

kcal	kJ	Eiweiß	Fett	Kohlenhydrate	Ballaststoffe
341	1430	11 g	14 g	44 g	8,5 g

Leichte Gerichte

Falafeln in Tomaten-Kokos-Sauce

ca. 25 Min.

Zubereitung:

- Die Kichererbsen abgießen und mit dem Zitronensaft und dem geschälten Knoblauch pürieren. Mit Kreuzkümmel und Pfeffer würzen.
- Schalotte, Koriander- und Petersilienblätter fein hacken und mit dem Kichererbsenmehl unter die Falafelmasse heben. 8 Falafeln formen.
- Öl in einer Pfanne erhitzen und die Falafeln darin rundherum anbraten. Passierte Tomaten und Kokosmilch dazu geben. Mit Salz, Pfeffer und Curry würzen.
- Gehackten Ingwer einrühren und ca. 10 Minuten köcheln lassen.

Für 2 Personen

Zutaten:

200 g Kichererbsen, vorgekocht
Saft von ½ Zitrone
2 Knoblauchzehen
1 TL Kreuzkümmel
1 Schalotte (ca. 30 g)
1 EL Koriander
1 Bund Petersilie, glatt
3 EL Kichererbsenmehl
1 EL Olivenöl
200 g passierte Tomaten
200 g Kokosmilch, light
Currypulver
1 Stück Ingwer, frisch (ca. 5 g)
Salz
Pfeffer

Durchschnittliche Nährwerte pro Portion:

kcal	kJ	Eiweiß	Fett	Kohlenhydrate	Ballaststoffe
329	1380	13 g	13 g	35 g	3,5 g

VEGETARISCH GLUTENFREI

Leichte Gerichte

Kartoffel-Tomaten-Gratin

ca. 60 Min.

Für 2 Personen

Zutaten:

250 g Kartoffeln (festkochend)
300 g Tomaten
5 g Diätmargarine (zum Einfetten)
100 g Crème fraîche légère
60 ml Wasser
130 g Saure Sahne
½ Bund Basilikum
Salz
Pfeffer

Zubereitung:

- Kartoffeln schälen und in Scheiben schneiden.
- Tomaten kreuzweise einschneiden und 10 Sekunden in kochendes Wasser tauchen, dann die Haut abziehen und die Tomaten in Scheiben schneiden.
- Backofen vorheizen (Umluft 225 °C).
- Eine kleine Auflaufform mit der Margarine einfetten und von unten nach oben im Wechsel Tomatenscheiben, Basilikumblätter und Kartoffelscheiben einschichten.
- Crème fraîche légère, Wasser, Saure Sahne, Salz und Pfeffer miteinander verrühren, über das Gemüse geben und im vorgeheizten Backofen ca. 40 - 45 Minuten backen.

Durchschnittliche Nährwertangaben pro Portion:

kcal	kJ	Eiweiß	Fett	Kohlenhydrate	Ballaststoffe
319	1337	9 g	17 g	32 g	6 g

VEGETA-RISCH

Leichte Gerichte

Quinoa-Möhren-Bratlinge

Zubereitung:

- Quinoa in einem Sieb unter fließendem Wasser gemäß Packungsangabe abspülen, in kochende Gemüsebrühe geben und bei schwacher Hitze ca. 10 - 15 Minuten quellen lassen.
- Inzwischen Kartoffeln und Möhren schälen und grob raspeln.
- Quinoa gegebenenfalls abtropfen lassen.
- Kartoffeln und Möhren mit Quinoa, 1 Ei, Mehl, Crème fraîche légère, Kräutern, etwas Salz und Pfeffer vermengen und abschmecken.
- Rapsöl in einer beschichteten Pfanne erhitzen.
- Aus dem Teig 6 Bratlinge formen und in Rapsöl goldgelb braten.

Durchschnittliche Nährwertangaben pro Portion (3 Bratlinge):

kcal	kJ	Eiweiß	Fett	Kohlenhydrate	Ballaststoffe
325	1358	11 g	13 g	40 g	6 g

Für 2 Personen (6 Stück)

ca. 35 Min.

Zutaten:
50 g Quinoa
100 ml Gemüsebrühe
200 g Kartoffeln, mehligkochend
175 g Möhren
1 Ei
1 EL Vollkornmehl
½ EL Crème fraîche légère
1 EL Rapsöl
Kräuter (z. B. Petersilie)
Pfeffer
Salz

VEGETARISCH

Leichte Gerichte

Feurige Quinoa-Bratlinge

ca. 35 Min.

Für 6 Stück

Zutaten:
50 g Quinoa
125 ml Gemüsebrühe
150 g Kidneybohnen
50 g Feta, light
1 mittelgroße Chilischote
1 Zwiebel (50 g)
1 Knoblauchzehe
1 EL Tomatenmark
1 Ei
50 g Maismehl
1 Messerspitze Kreuzkümmel
1 ½ EL Rapsöl

nach Belieben:
Paprikapulver
Koriander
Salz, Pfeffer

Zubereitung:

- Quinoa in einem Sieb unter fließendem Wasser gemäß Packungsangabe abspülen, in der Gemüsebrühe zum Kochen bringen und ca. 10 - 15 Minuten auf kleiner Stufe garen.
- Währenddessen 100 g Kidneybohnen, Feta, Chilischote (entkernt), Zwiebel, Knoblauchzehe und Tomatenmark pürieren.
- Mit Quinoa, 50 g Kidneybohnen, Ei, Maismehl und Gewürzen verkneten und abschmecken.
- Rapsöl in einer beschichteten Pfanne erhitzen.
- 6 Bratlinge formen und in Rapsöl goldbraun braten.

Durchschnittliche Nährwertangaben pro Portion (2 Bratlinge):

kcal	kJ	Eiweiß	Fett	Kohlenhydrate	Ballaststoffe
299	1251	14 g	14 g	30 g	7,5 g

VEGETA-RISCH GLUTEN-FREI

Leichte Gerichte

Porree-Champignon-Frittata

ca. 40 Min.

Für 2 Personen

Zutaten:
230 g Porree (Lauch)
200 g Champignons
30 g Zwiebel
1 Knoblauchzehe
1 EL Rapsöl
3 Eier
3 EL Milch, fettarm (1,5 % Fett)
Salz, Pfeffer

Zubereitung:

- Backofen vorheizen (Umluft 175 °C).
- Porree in kleine Ringe schneiden. Champignons putzen und in Stücke schneiden. Zwiebel und Knoblauch schälen und ebenfalls klein hacken.
- Öl in einer ofenfesten Pfanne erhitzen und den Porree sowie die Champignons je nach gewünschter Bissfestigkeit kurz anbraten. Zwiebeln und Knoblauch mit anbraten.
- Eier mit Milch, etwas Salz und Pfeffer verquirlen und über das Gemüse geben.
- In der ofenfesten Pfanne oder in einer runden ofenfesten Form im vorgeheizten Backofen rund 20 Minuten stocken lassen. Die Frittata sollte eine gold-gelbe Farbe annehmen.

Durchschnittliche Nährwertangaben pro Portion:

kcal	kJ	Eiweiß	Fett	Kohlenhydrate	Ballaststoffe
223	931	16 g	14 g	8 g	5 g

TIPP

Dazu passt ein frischer Salat (z. B. Feldsalat, Rucola oder Endiviensalat).

LACTOSE-FREI VEGETA-RISCH

Leichte Gerichte

Vegetarische Frikadellen

ca. 30 Min.

Für 15 Stück

Zutaten:

250 g Tofu
2 Schalotten
1 Frühlingszwiebel
3 Cornichons (Gewürzgurken)
1 EL Senf
½ Bund Petersilie, glatt
60 g Semmelbrösel
1 Ei
3 EL Olivenöl
Chilipulver
Salz
schwarzer Pfeffer
Koriander
Kurkuma
Sojasauce
Oregano

Zubereitung:

- Tofu in einer Schüssel mit einer Gabel zerdrücken.
- Schalotten schälen und zusammen mit der Frühlingszwiebel, den Cornichons und der Petersilie sehr fein hacken.
- Schalotten-Cornichon-Mischung zu dem Tofu geben und Senf, Ei, Semmelbrösel sowie Gewürze nach Belieben hinzugeben, alles gut vermengen und 15 Frikadellen formen.
- Öl in einer Pfanne erhitzen und die Frikadellen darin rundherum braun braten.

Durchschnittliche Nährwertangaben pro Portion (5 Frikadellen):

kcal	kJ	Eiweiß	Fett	Kohlenhydrate	Ballaststoffe
310	1285	12 g	22 g	18 g	1,5 g

VEGETARISCH GLUTENFREI

Leichte Gerichte

Gefüllte Zucchini

ca. 45 Min.

Für 2 Personen

Zutaten:

360 g Zucchini
1 Chilischote
30 g Schalotte
2 Zweige Rosmarin, abgezupft
2 Zweige Petersilie, glatt
1 EL Olivenöl
200 g Feta, light
Salz
Pfeffer

Zubereitung:

- Zucchini waschen, trocken tupfen und halbieren. Das Fruchtfleisch mit einem Löffel heraus schaben. Chilischote halbieren, entkernen und fein würfeln. Schalotte schälen und fein würfeln. Kräuter waschen und klein hacken.
- 1 EL Öl in einer Pfanne erhitzen. Schalotte und Chilischote darin anschwitzen. Zucchini-Fruchtfleisch zufügen. Mit Kräutern, etwas Salz und Pfeffer würzen und zur Seite stellen.
- Backofen vorheizen (Umluft 180 °C).
- 180 g Feta zerbröseln und unter das Gemüse heben. Die Zucchinihälften damit füllen und in eine Auflaufform setzen. Übrigen Feta darüber verteilen.
- 5 EL Wasser in die Auflaufform zugießen.
- Ca. 30 Minuten backen.

Durchschnittliche Nährwertangaben pro Portion:

kcal	kJ	Eiweiß	Fett	Kohlenhydrate	Ballaststoffe
272	1134	23 g	17 g	5 g	2 g

VEGETARISCH GLUTENFREI

Leichte Gerichte

Pilzgericht mit leichter Aioli

TIPP

Passt gut zu Hähnchenbrust-Filet oder für Vegetarier z. B. zu den Kohlrouladen mit Quinoa (s. S. 45).

ca. 25 Min.

Für 2 Personen

Zutaten für die Aioli:
1 Ei
250 g Magerquark
2 Knoblauchzehen
1 TL Senf
1 TL Zitronensaft
1 EL Rapsöl
Salz

Pilzgericht:
200 g Champignons
200 g Kräuterseitlinge
100 g Austernpilze
1 Schalotte
1 EL Rapsöl
3 - 4 EL Schnittlauch
Salz
Pfeffer

Zubereitung Aioli:
- Das Ei hart kochen und pellen. Knoblauch schälen und fein hacken. Zusammen mit Magerquark, Senf, Zitronensaft, Öl und Salz mit dem Handrührgerät vermengen.

Zubereitung Pilzgericht:
- Pilze putzen und je nach Größe halbieren oder vierteln.
- Schalotte schälen und fein würfeln.
- Öl in einer Pfanne erhitzen und die Schalotte mit den Pilzen anbraten. Mit etwas Salz und Pfeffer würzen.
- Zum Schluss Schnittlauch unterheben.
- Pilze mit 2 EL Aioli anrichten.

Durchschnittliche Nährwertangaben pro Portion:

kcal	kJ	Eiweiß	Fett	Kohlenhydrate	Ballaststoffe
150	627	11 g	9 g	6 g	7 g

VEGETARISCH

Leichte Gerichte

Gefüllte Aubergine mit Chinakohl

TIPP

Dazu passt ein frischer Salat (z. B. Feldsalat, Rucola oder Endiviensalat).

ca. 75 Min.

Für 2 Personen

Zutaten:

1 Aubergine (340 g)
1 Knoblauchzehe
2 EL Semmelbrösel
1 TL Zitronensaft
Schale von ½ Zitrone, unbehandelt
35 g Zwiebel
250 g Chinakohl
1 EL Olivenöl
30 g geriebener Käse
Salz
Pfeffer
Curry

Zubereitung:

- Für das Topping Knoblauch schälen und fein hacken, mit Semmelbröseln, Zitronenschale und dem Käse vermischen und etwas salzen und pfeffern.
- Chinakohl putzen, halbieren und in mundgerechte Stücke schneiden. Zwiebel schälen und fein würfeln. Auberginen waschen und längs halbieren. Fruchtfleisch mit einem Löffel heraus schaben, sehr klein würfeln und sowohl das Fruchtfleisch als auch die Auberginenhälften mit Zitronensaft beträufeln. Die Hälften etwas salzen.
- Backofen vorheizen (Umluft 150 °C).
- Öl in einer beschichteten Pfanne erhitzen. Zwiebel, Auberginenwürfel und Kohl darin anbraten. Ca. 4 EL Wasser hinzufügen. Unter Rühren 5 Minuten anbraten. Mit Curry, etwas Salz und Pfeffer würzen und in den Auberginenhälften verteilen. Das Topping oben drauf geben. Auberginenhälften auf ein Backblech setzen und für ca. 50 Minuten backen.

Durchschnittliche Nährwertangaben pro Portion:

kcal	kJ	Eiweiß	Fett	Kohlenhydrate	Ballaststoffe
232	974	11 g	11 g	19 g	8 g

GLUTEN-FREI

Leichte Gerichte

Gemüseröllchen

ca. 15 Min.

Für 2 Personen

Zutaten:

200 g Kochschinken
100 g Kohlrabi
100 g Zucchini
200 g Möhren
30 g Kräuterquark, fettarm (10 % Fett)
Salz
Pfeffer

Zubereitung:

- Das Gemüse schälen und in Stifte schneiden. Kräuterquark mit Pfeffer und etwas Salz würzen.
- Anschließend den Kräuterquark auf die Schinkenscheiben streichen, Gemüsestifte darauflegen und einrollen.

Durchschnittliche Nährwertangaben pro Portion:

kcal	kJ	Eiweiß	Fett	Kohlenhydrate	Ballaststoffe
193	810	26 g	4 g	12 g	4 g

GLUTEN-FREI

Leichte Gerichte

Schinken-Hähnchen-Filet mit Feldsalat

Für 2 Personen

ca. 40 Min.

Zutaten:
350 g Hähnchenbrustfilet (2 Stück)
40 g Parmaschinken (2 Scheiben)
½ Bund Basilikum
1 Knoblauchzehe*
30 g Frischkäse, fettarm (10 % F. i. Tr.)
Schale von ½ Zitrone, unbehandelt
1 EL Rapsöl
Salz
Pfeffer

Zutaten Feldsalat:
60 g Feldsalat
1 EL Olivenöl
½ EL Essig
Salz
Pfeffer

Zubereitung:

- Filets tief einschneiden.
- Fleisch mit etwas Salz und Pfeffer würzen.
- Knoblauch schälen. Basilikum und Knoblauch klein hacken, Schale mit einem Zestenreißer von der Zitrone abschälen und alles mit Frischkäse verrühren und in die Filettaschen füllen. Filet mit Schinken umwickeln und mit Holzstäbchen feststecken.
- Öl in einer Pfanne erhitzen. Filets rundherum scharf anbraten und bei schwacher Hitze mit geschlossenem Deckel unter gelegentlichem Wenden je nach Dicke des Fleisches ca. 15 - 20 Minuten braten.
- Öl mit dem Essig vermengen, mit etwas Salz und Pfeffer abschmecken und über den Salat geben. Salat zusammen mit dem Schinken-Hähnchen-Filet anrichten.

Durchschnittliche Nährwertangaben pro Portion:

kcal	kJ	Eiweiß	Fett	Kohlenhydrate	Ballaststoffe
388	1636	48 g	21 g	3 g	< 2 g

** Die Knoblauchzehe kann je nach Geschmack auch durch 1 Schalotte ersetzt werden.*

GLUTEN-FREI

Leichte Gerichte

Puten-Frikadellen mit pikantem Dip

TIPP

Dazu passt der Kohlrabi-Tofu-Salat von Seite 53 oder der Kartoffelsalat von Seite 58.

ca. 35 Min.

Für 2 Personen

Zutaten:

300 g Putenhackfleisch
50 g Zwiebel
150 g Paprika, gegrillt (aus dem Glas oder selbst zubereitet s. S. 91)
80 g Feta, light
2 TL Paprikapulver
Salz
Pfeffer

Als Dip:

2 EL Ajvar

Zubereitung:

- Backofen vorheizen (Umluft 200 °C).
- Zwiebel schälen und fein würfeln. Paprika ebenfalls würfeln. Feta zerbröseln.
- Das Hackfleisch mit den Zwiebeln, der Paprika, dem zerbröselten Feta und den Gewürzen gut vermischen.
- 10 Frikadellen daraus formen und im vorgeheizten Backofen für ca. 25 Minuten backen.
- Mit Ajvar angerichtet servieren.

Durchschnittliche Nährwertangaben pro Portion (5 Frikadellen):

kcal	kJ	Eiweiß	Fett	Kohlenhydrate	Ballaststoffe
350	1463	39 g	20 g	4 g	2 g

LACTOSE-FREI
GLUTEN-FREI

Leichte Gerichte

Salat mit Ei und Thunfisch

ca. 20 Min.

Für 2 Personen

Zutaten:
1 Ei
100 g Tomate
100 g Thunfisch, im eigenen Saft
200 g Gurke
400 g Salat
½ Zwiebel
5 Oliven
1 TL Leinöl
1 Knoblauchzehe
1 TL Oregano
2 EL Apfelessig
Salz
Pfeffer

Zubereitung:

- Ei hart kochen (siehe Info Seite 18).
- In der Zwischenzeit den Salat waschen und in mundgerechte Stücke zerkleinern.
- Tomate in feine Spalten schneiden, Gurke in Scheiben schneiden.
- Knoblauch und Zwiebel schälen und fein hacken bzw. Zwiebeln in Ringe schneiden.
- Alles zusammen mit den Oliven vermengen.
- Ei pellen und in Spalten schneiden.
- Thunfisch abtropfen lassen und zusammen mit dem Ei auf dem Salat verteilen.
- Aus Öl, Pfeffer, etwas Salz, Essig und Oregano ein Dressing zubereiten und mit etwas Wasser verdünnen. Das Dressing erst kurz vor dem Verzehr über den Salat geben.

Durchschnittliche Nährwertangaben pro Portion:

kcal	kJ	Eiweiß	Fett	Kohlenhydrate	Ballaststoffe
242	1010	19 g	15 g	8 g	4 g

GLUTEN-FREI

Leichte Gerichte

Salatpäckchen mit Thunfischfüllung

ca. 20 Min.

Für 2 Personen

Zutaten:

150 g Thunfisch, im eigenen Saft
100 g Frischkäse, fettarm (10 % F. i. Tr.)
40 g Bohnensprossen
10 g Ingwer (frisch)
2 TL Zitronensaft
12 große Salatblätter
Zitronengras (gehackt)
Chilipulver

Zubereitung:

- Ingwer schälen und fein reiben.
- Den Thunfisch abtropfen lassen, mit einer Gabel zerdrücken und in eine Schüssel mit dem Frischkäse, dem Zitronensaft, dem geriebenen Ingwer, dem gehackten Zitronengras und dem Chilipulver geben.
- Die gewaschenen Salatblätter auf einen großen Teller legen und jeweils auf den unteren Rand in der Mitte des Blattes die Thunfischpaste verteilen. Dann einige Bohnensprossen darüber streuen.
- Nun die Salatteile einschlagen. Falls notwendig mit einem Zahnstocher fixieren oder mit Schnittlauch zusammen binden.

Durchschnittliche Nährwertangaben pro Portion (6 Stück):

kcal	kJ	Eiweiß	Fett	Kohlenhydrate	Ballaststoffe
224	939	24 g	13 g	4 g	< 1 g

GLUTEN-FREI

Leichte Gerichte

Zucchini mit Thunfisch

TIPP

Mit 70 g Vollkornreis ergibt sich ein leckeres Hauptgericht (ca. 470 kcal pro Portion).

ca. 20 Min.

Für 2 Personen

Zutaten:
100 g Paprika
200 g Zucchini
130 g Thunfisch, im eigenen Saft
125 g Mozzarella, light (30 % Fett i. Tr.)
30 g Schalotte
1 EL Olivenöl
2 EL Frischkäse, light
etwas frischer Basilikum

Je nach Belieben dazugeben:
Roter Pfeffer
10 Kirschtomaten
Chilipulver
Salz
Pfeffer

Zubereitung:

- Zucchini und Paprika waschen, halbieren und in Stücke schneiden.
- Die Schalotte fein hacken und im heißen Olivenöl in der Pfanne anschwitzen.
- Das geschnittene Gemüse dazugeben und schön anbräunen.
- Je nach Belieben Gewürze hinzufügen.
- Den zerpflückten Thunfisch mit etwas eigenem Saft zu den Schalotten in der Pfanne geben und erwärmen.
- Durch die Zugabe des Frischkäses ergibt sich eine sämige Sauce.
- Den in kleine Würfel geschnittenen Mozzarella darauf verteilen und leicht schmelzen lassen.
- Mit frischen Basilikumblättern abschmecken.

Durchschnittliche Nährwertangaben pro Portion:

kcal	kJ	Eiweiß	Fett	Kohlenhydrate	Ballaststoffe
350	1461	28 g	23 g	7,1 g	2,2 g

xlim Rezepte für Suppen

Auch Suppen können nachhaltig sättigen, sind wohltuend und schmackhaft. Durch entsprechende Gewürze angereichert sind sie eine Bereicherung Ihres Speiseplans.

Tipp selbstgemachte Brühe (ca. 3 l): 3 Zwiebeln, 900 g gemischtes Gemüse (z. B. Petersilienwurzel, Porree, Knollensellerie, Möhren) schälen und grob würfeln. 1 ½ EL Olivenöl in einem großen Topf erhitzen und das Gemüse darin andünsten. 3 Liter Wasser aufgießen und zum Kochen bringen. Gewürze (etwas Salz, 10 Pfefferkörner) und Kräuter (z. B. Liebstöckel, 4 Lorbeerblätter, 4 Stiele Rosmarin) hinzugeben und für 1,5 Stunden bei kleiner Hitze köcheln lassen. Durch ein Sieb abgießen und die Brühe auffangen. Die Brühe kann portionsweise eingefroren und nach Bedarf aufgetaut werden.

VEGAN GLUTEN-FREI

Kartoffel-Möhren-Suppe

Für 2 Personen

ca. 40 Min.

Zutaten:

350 g Kartoffeln (mehligkochend)
320 g Möhren
80 g Porree (Lauch)
80 g Knollensellerie
10 g Ingwer (frisch)
Wasser
Salz
Pfeffer
Muskatnuss

Zubereitung:

- Kartoffeln, Möhren und Sellerie schälen und würfeln. Porree putzen und in Ringe schneiden.
- Gemüse in einen Kochtopf geben und mit Wasser bedecken. Topfdeckel auflegen, ankochen und ca. 20 Minuten auf mittlerer Hitze kochen lassen, bis das Gargut weich ist. Je nach gewünschter Konsistenz der Suppe, die Hälfte des Kochwassers in einen Messbecher abgießen und die Herdplatte auf niedrige Wärmestufe einstellen.
- Alles mit dem Pürierstab zu einer feinen, cremigen Suppe verarbeiten. Sollte die Suppenkonsistenz zu breiig sein, kann das aufgefangene Kochwasser esslöffelweise hinzugegeben werden.
- Mit etwas Salz, Pfeffer, Muskatnuss und Ingwer (gerieben) würzen.

Durchschnittliche Nährwertangaben pro Portion:

kcal	kJ	Eiweiß	Fett	Kohlenhydrate	Ballaststoffe
197	824	6 g	1 g	41 g	10 g

VEGAN

Suppen

Gemüseeintopf mit Tofu

ca. 30 Min.

Für 2 Personen

Zutaten:
230 g Möhren
330 g Zucchini
2 Frühlingszwiebeln
2 EL Rapsöl
330 ml Gemüsebrühe
130 g Kräutertofu
½ Bund Petersilie
Salz
weißer Pfeffer

Zubereitung:

- Die Möhren schälen, die Zucchini waschen und beides in Scheiben schneiden.
- Die Frühlingszwiebeln waschen und in Ringe schneiden.
- 1 EL in einem Topf erhitzen, das Gemüse kurz anschwitzen, mit der Gemüsebrühe auffüllen und 15 Minuten garen.
- Dann den Tofu in kleine Würfel schneiden und im restlichen Öl rundum knusprig braun braten, zum Gemüse geben, mit etwas Salz und Pfeffer abschmecken, die gehackte, frische Petersilie darüber streuen und servieren.

Durchschnittliche Nährwertangaben pro Portion:

kcal	kJ	Eiweiß	Fett	Kohlenhydrate	Ballaststoffe
308	1285	12 g	22 g	16 g	6 g

VEGAN

Suppen

Leichte Gemüsesuppe

ca. 30 Min.

Für 2 Personen

Zutaten:

50 g Zwiebel
150 g Porree (Lauch)
100 g Kohlrabi
100 g Möhren
150 g Blumenkohl
150 g Wirsing
½ Bund Petersilie
150 g Tomaten (Dose)
750 ml Wasser
1 EL Gemüsebrühe (Instant-Pulver)
Salz
Pfeffer
Muskatnuss
Chilipulver

Zubereitung:

- Je nach Gemüseart dieses vorher schälen, waschen und anschließend in kleine Würfel schneiden.
- Wasser zusammen mit der Gemüsebrühe zum Kochen bringen.
- Das Gemüse und die gehackte Petersilie in den Topf geben und garen.
- Tomaten hinzufügen und mit etwas Salz, Pfeffer, Muskatnuss und Chili würzen. Alles noch mal gut verrühren und kurz aufkochen lassen.
- Je nach gewünschter Konsistenz noch mit weiterem Wasser verdünnen.

Durchschnittliche Nährwertangaben pro Portion:

kcal	kJ	Eiweiß	Fett	Kohlenhydrate	Ballaststoffe
147	614	12 g	1 g	19 g	11 g

VEGAN

Suppen

Möhren-Orangen-Suppe mit Ingwer

ca. 25 Min.

Für 2 Personen

Zutaten:
300 g Möhren
50 g Zwiebel
10 g Ingwer (frisch)
1 TL Rapsöl
1 Orange
500 ml Gemüsebrühe

Zubereitung:

- Möhren und Zwiebel schälen und in Würfel schneiden. Den Ingwer ebenfalls schälen und klein hacken.
- Zwiebel im Öl goldgelb anrösten, den Ingwer und die Möhren hinzugeben und ebenfalls mitrösten.
- Mit der Gemüsebrühe ablöschen und bei kleiner Hitze ca. 10 Minuten köcheln lassen.
- Orange halbieren, eine Hälfte schälen und filetieren, die zweite Hälfte auspressen.
- Mit einem Pürierstab die Möhrensuppe pürieren, den Orangensaft hinzugeben und mit etwas Salz und Pfeffer würzen. Die Suppe mit den Orangenfilets als Einlage servieren.

Durchschnittliche Nährwertangaben pro Portion:

kcal	kJ	Eiweiß	Fett	Kohlenhydrate	Ballaststoffe
165	689	5 g	8 g	20 g	6 g

VEGETA-RISCH

Suppen

Tomatencreme-Suppe

Zubereitung:

- Tomaten und Suppengemüse klein schneiden. Zwiebeln mit dem Öl in einem Topf glasig braten.
- Tomaten und das Suppengemüse in den Topf geben und kurz anbraten.
- Anschließend mit der Gemüsebrühe ablöschen und ca. 25 Minuten köcheln lassen.
- Danach alles mit einem Pürierstab pürieren.
- Basilikum fein hacken und mit der sauren Sahne in die Suppe geben und kurz aufkochen lassen.
- Alles umrühren und mit etwas Salz und Pfeffer und nach Belieben mit Oregano würzen.

ca. 45 Min.

Für 2 Personen

Zutaten:

500 g Tomaten
200 g Suppengemüse
50 g Zwiebel
350 ml Gemüsebrühe
30 g Saure Sahne
½ Bund Basilikum
1 EL Olivenöl
Salz
Pfeffer
Oregano

Durchschnittliche Nährwertangaben pro Portion:

kcal	kJ	Eiweiß	Fett	Kohlenhydrate	Ballaststoffe
220	926	7 g	14 g	17 g	8 g

VEGETARISCH

Suppen

Kohlrabi-Pfifferling-Suppe

TIPP

Je nach Vorliebe noch Wasser oder Brühe für die Konsistenz hinzufügen.

ca. 30 Min.

Für 2 Personen

Zutaten:

140 g Pfifferlinge
270 g Kohlrabi
200 g Porree (Lauch)
100 g Zwiebel
100 g Frischkäse, fettarm (10 % F. i. Tr.)
500 ml Gemüsebrühe
½ EL Rapsöl
½ Bund Petersilie
Salz
Pfeffer

Zubereitung:

- Zwiebeln schälen und würfeln. Pfifferlinge und Kohlrabi klein schneiden, Porree in Ringe schneiden.
- Zwiebeln, Pfifferlinge und Porree in einem Topf mit Öl andünsten.
- Gemüsebrühe dazugießen, Kohlrabi dazugeben und 15 Minuten bei mittlerer Hitze köcheln lassen.
- Danach alles mit dem Pürierstab pürieren.
- Frischkäse dazugeben und in der Suppe auflösen. Petersilie klein hacken, dazugeben und die Suppe mit Salz und Pfeffer würzen.

Durchschnittliche Nährwertangaben pro Portion:

kcal	kJ	Eiweiß	Fett	Kohlenhydrate	Ballaststoffe
232	973	17 g	10 g	18 g	11 g

VEGETARISCH

Suppen

Herbst-Suppe

ca. 35 Min.

Für 2 Personen

Zutaten:
250 g Hokkaido-Kürbis
300 ml Gemüsebrühe
1 EL Rapsöl
50 g Cremefine (zum Kochen)
50 g Zwiebel
200 g Möhren
1 EL Kürbiskerne
Curry
Salz
Pfeffer

Zubereitung:

- Zwiebel schälen und würfeln. Den Kürbis entkernen, in grobe Würfel schneiden, und in einer Pfanne mit der kleingehackten Zwiebel in etwas Öl kurz anbraten.
- In einem Topf die Gemüsebrühe aufkochen, die Kürbiswürfel dazugeben, die Möhre schälen, würfeln und mitkochen.
- Nach ca. 20 Minuten alles pürieren und für ein paar Minuten weiter köcheln lassen.
- Dann Cremefine dazugeben, umrühren und mit Curry, Pfeffer und etwas Salz abschmecken.
- Mit Kürbiskernen garniert servieren.

Durchschnittliche Nährwertangaben pro Portion:

kcal	kJ	Eiweiß	Fett	Kohlenhydrate	Ballaststoffe
238	994	7 g	16 g	18 g	7 g

VEGETARISCH

Suppen

Bohneneintopf mit Feta

ca. 35 Min.

Für 2 Personen

Zutaten:
35 g Zwiebel
150 g Möhren
250 g Knollensellerie
½ Zucchini (ca. 100 g)
1 Knoblauchzehe
1 EL Olivenöl
1 Dose geschälte Tomaten (400 ml)
250 ml Gemüsebrühe
1 Dose weiße Bohnen
(Abtropfgewicht: 240 g)
100 g Feta, light
Kräuter (z. B. Bohnenkraut)
Salz
Pfeffer

Zubereitung:

- Möhren und Sellerie schälen, Zucchini waschen und alles in mundgerechte Stücke schneiden. Knoblauch und Zwiebeln schälen und fein hacken.
- Öl in einem Topf erhitzen. Möhren, Sellerie und Zucchini darin bei mittlerer Hitze andünsten. Nach ca. 5 Minuten Zwiebeln und Knoblauch hinzufügen.
- Tomaten mit Saft und Gemüsebrühe hinzugeben und zugedeckt bei mittlerer Hitze ca. 15 Minuten köcheln lassen. Tomaten leicht zerdrücken. So lange Wasser hinzufügen bis die gewünschte Konsistenz erreicht ist.
- Bohnen abspülen und abtropfen lassen, in die Suppe geben, weitere 5 Minuten köcheln lassen und mit etwas Salz, Pfeffer und Bohnenkraut abschmecken.
- Die Suppe anrichten und Feta (zerbröselt) hinzugeben.

Durchschnittliche Nährwertangaben pro Portion:

kcal	kJ	Eiweiß	Fett	Kohlenhydrate	Ballaststoffe
208	867	14 g	9 g	19 g	7 g

GLUTEN-FREI LACTOSE-FREI

Suppen

Fischsuppe mit Garnelen

ca. 30 Min.

Zubereitung:

- Möhren schälen und würfeln. Tomate ebenfalls würfeln. Zwiebel und Knoblauch schälen und fein hacken. Chilischote entkernen und fein hacken.
- Öl in einem Topf erhitzen und Möhren, Zwiebel, Knoblauch und Chili darin anbraten.
- Petersilie fein hacken.
- Tomate, Tomatenmark, Petersilie und Fischfond hinzugeben und aufkochen lassen. Dann bei mittlerer Hitze ca. 10 Minuten köcheln lassen.
- Fisch in mundgerechte Stücke schneiden. Garnelen gegebenenfalls schälen und entdarmen.
- Fisch und Garnelen zur Suppe geben und weitere ca. 5 Minuten kochen. Mit Paprikapulver und Salz und Pfeffer abschmecken.

Für 2 Personen

Zutaten:

150 g Möhren
100 g Tomaten
50 g Zwiebel
1 Knoblauchzehe
½ Chilischote
1 EL Olivenöl
½ Bund Petersilie, glatt
1 EL Tomatenmark
400 ml Fischfond
200 g Fischfilet (z. B. Zander oder Kabeljau)
100 g Riesengarnelen
1 TL Paprikapulver
Salz
Pfeffer

Durchschnittliche Nährwertangaben pro Portion:

kcal	kJ	Eiweiß	Fett	Kohlenhydrate	Ballaststoffe
261	1086	42 g	10 g	13 g	3,5 g

xlim Hauptgericht-Rezepte

Die xlim Hauptgericht-Rezepte bieten Ihnen leicht zuzubereitende, preiswerte, abwechslungsreiche Gerichte für jeden Geschmack. Die unterschiedlichen Mischkost-Mahlzeiten enthalten viele wichtige Nährstoffe aber keinen Zucker. Sie bieten für jeden Geschmack das Richtige und machen nachhaltig satt. Sie liefern Ihnen die Vital-Energie, die Sie benötigen, um den Alltag aktiv genießen zu können.

VEGAN

Hauptgerichte

Vegane Bolognese mit Soja-Schnetzel

ca. 35 Min.

Für 2 Personen

Zutaten:

120 g Vollkornspaghetti
150 g Knollensellerie
300 g Möhren
50 g Zwiebel
1 EL Olivenöl
75 g Soja-Schnetzel
450 ml Wasser
250 g Tomaten (passiert)
40 g Tomatenmark
½ Bund Basilikum
Salz
Pfeffer
Paprikapulver

Zubereitung:

- Die Soja-Schnetzel in eine Schüssel geben und mit 250 ml kochendem Wasser übergießen, umrühren und beiseite stellen.
- Die Spaghetti nach Packungsanweisung bissfest garen.
- Möhren, Zwiebel und Sellerie schälen und fein würfeln.
- Olivenöl in einer Pfanne erhitzen. Das Gemüse hinzufügen und anbraten. Die Soja-Schnetzel abschütten und ebenfalls in die Pfanne geben.
- Wenn alles gut angebraten ist, Tomatenmark einrühren.
- Die passierten Tomaten und ca. 200 ml Wasser ebenfalls hinzugeben und weiter rühren.
- Die Sauce mit etwas Salz, Pfeffer, Paprikapulver und gehacktem Basilikum abschmecken und mit den Spaghetti servieren.

Durchschnittliche Nährwertangaben pro Portion:

kcal	kJ	Eiweiß	Fett	Kohlenhydrate	Ballaststoffe
508	2133	32 g	9 g	66 g	9 g

VEGAN GLUTEN-FREI

Hauptgerichte

Reis mit Gurken-Tomaten-Gemüse

ca. 25 Min.

Für 2 Personen

Zutaten:
35 g Zwiebel
1 EL Olivenöl
300 g Tomate
200 g Gurke
150 g Mais
125 g Langkornreis
Salz
Pfeffer

Zubereitung:

- Reis nach Packungsanweisung zubereiten.
- Die Zwiebel schälen, fein würfeln und in 1 EL Öl anbraten.
- Die Tomaten und die Gurke in kleine Stücke schneiden und zu den Zwiebelwürfeln geben.
- Mais zur Tomaten-Gurken-Mischung geben und mit erwärmen.
- Die Gemüsemischung mit etwas Salz und Pfeffer abschmecken.
- Das Gemüse zusammen mit dem Reis anrichten.

Durchschnittliche Nährwertangaben pro Portion:

kcal	kJ	Eiweiß	Fett	Kohlenhydrate	Ballaststoffe
383	1618	10 g	11 g	62 g	2 g

VEGAN

Hauptgerichte

Farfalle mit Paprikasauce

TIPP

Paprikaschoten vierteln, mit etwas Öl bepinseln und auf ein Backblech legen. Unter dem Grill oder auf höchster Stufe im Backofen rösten, bis die Haut dunkel wird. Abkühlen lassen und häuten.

ca. 40 Min.

Für 2 Personen

Zutaten:

35 g Zwiebel
1 Knoblauchzehe
100 g Paprika, gegrillt (aus dem Glas oder selbst zubereitet s. Tipp)
1 EL Olivenöl
1 TL Tomatenmark
200 g stückige Tomaten
200 g Nudeln (z. B. Farfalle)
80 g Spinat, frisch
60 g Soja-Kochcreme light
frische Kräuter
(Basilikum, Oregano)
Salz
Pfeffer

Zubereitung:

- Zwiebel und Knoblauch schälen und fein würfeln. 2 Liter Salzwasser aufkochen. Paprika abtropfen lassen und halbieren. Öl in einem Topf erhitzen und Zwiebel und Knoblauch darin andünsten.
- Gegrillte Paprika und Tomatenmark hinzugeben und kurz anschwitzen lassen. Tomaten und 80 ml Wasser zugeben und ca. 15 Minuten köcheln lassen (hin und wieder umrühren).
- Nudeln nach Packungsanweisung bissfest garen. Spinat putzen.
- Sauce vom Herd nehmen, würzen und Kochcreme hinzugeben. Mit einem Stabmixer pürieren und warm halten.
- Nudeln abgießen und zurück in den Topf geben. Spinat und Sauce hinzugeben und miteinander vermengen.
- Mit z. B. frischem Basilikum garnieren.

Durchschnittliche Nährwertangaben pro Portion:

kcal	kJ	Eiweiß	Fett	Kohlenhydrate	Ballaststoffe
485	2028	16 g	14 g	74 g	2 g

VEGAN

Hauptgerichte

Vegane Bolognese von roten Linsen

ca. 35 Min.

Für 2 Personen

Zutaten:

45 g Zwiebel
1 Knoblauchzehe
75 g Möhren
100 g Staudensellerie
1 TL Olivenöl
10 g Tomatenmark
1 Dose stückige Tomaten (200 g)
225 ml Gemüsebrühe
60 g rote Linsen
1 ½ EL Kräuter TK
1 ½ TL Petersilie
180 g Nudeln
Salz
Pfeffer

Zubereitung:

- Zwiebel und Knoblauch schälen und fein würfeln. Sellerie waschen und in Würfel schneiden. Möhren schälen und grob raspeln.
- Öl in einer beschichteten Pfanne erhitzen und Zwiebel, Knoblauch, Möhren und Sellerie bei mittlerer Temperatur darin anschwitzen. Tomatenmark zufügen und anrösten. Die Tomaten, Gemüsebrühe, Linsen und Kräuter (außer Petersilie) hinzugeben, mit einem Deckel bedecken und leise köcheln lassen bis die Linsen weich gekocht sind.
- Inzwischen Nudeln nach Packungsanweisung bissfest garen.
- Anschließend die Nudeln zusammen mit der Sauce und der Petersilie auf einem Teller garnieren. Bei Bedarf kann die Sauce vorher nochmal püriert werden.

Durchschnittliche Nährwertangaben pro Portion:

kcal	kJ	Eiweiß	Fett	Kohlenhydrate	Ballaststoffe
482	2016	23 g	7 g	82 g	11 g

VEGAN

Hauptgerichte

Gemüsepfanne „Asiatischer Art“

ca. 35 Min.

Für 2 Personen

Zutaten:
100 g Reis
60 g Möhre
100 g Zucchini
200 g Chinakohl
100 g Mungobohnen
1 Knoblauchzehe
50 ml Gemüsebrühe
1 EL Sojaöl
1 EL Sojasauce
8 g Ingwer (gerieben)

Zubereitung:

- Den Reis nach Packungsanweisung garen.
- Inzwischen Möhren schälen und in Scheiben bzw. Streifen schneiden.
- Restliches Gemüse waschen, putzen und in Scheiben bzw. Streifen schneiden. Knoblauch schälen und fein hacken.
- Sojaöl im Wok oder einer großen Pfanne erhitzen, Knoblauch und Ingwer darin anschmoren.
- Dann das Gemüse anbraten und mit Gemüsebrühe ablöschen. Mit Sojasauce abschmecken.
- Reis mit Gemüse anrichten.

Durchschnittliche Nährwertangaben pro Portion:

kcal	kJ	Eiweiß	Fett	Kohlenhydrate	Ballaststoffe
305	1275	9 g	9 g	44 g	5 g

VEGAN

Hauptgerichte

Gefüllte Paprika

ca. 55 Min.

Für 2 Personen

Zutaten:

2 Paprika (ca. 300 g)
1 Tomate
1 Zwiebel
2 EL Rapsöl
125 g Vollkornreis
500 ml Gemüsebrühe
30 g Tomatenmark
40 g klein gehacktes Suppengemüse (TK)
Paprikapulver
Salz

Zubereitung:

- Paprikaschoten waschen und jeweils das obere Viertel abschneiden.
- Die Schoten vom Kerngehäuse befreien.
- Die Zwiebel schälen, fein würfeln und in 1 EL Öl andünsten.
- Die Tomate in kleine Stücke schneiden und zu den Zwiebelwürfeln geben.
- Das Paprikapulver, etwas Salz und Tomatenmark dazugeben und weiter dünsten.
- Den Reis dazugeben und mit ¾ der Gemüsebrühe aufgießen, aufkochen und bei mäßiger Hitze etwa 15 Minuten ziehen lassen.
- Backofen vorheizen (Umluft 220 °C).
- Die Tomatenstücke mit dem restlichen Öl unter den Reis heben. Die Paprikaschoten mit der Reismasse füllen, Paprikadeckel wieder drauf setzen und in eine große Auflaufform setzen.
- Die restliche Brühe angießen und das Suppengemüse dazugeben.
- Die Paprikaschoten im vorgeheizten Backofen ca. 20 Minuten backen.

Durchschnittliche Nährwertangaben pro Portion:

kcal	kJ	Eiweiß	Fett	Kohlenhydrate	Ballaststoffe
486	2034	10 g	23 g	63 g	5 g

VEGAN

Hauptgerichte

Tahin-Zoodles

TIPP

Auch andere Gemüsesorten wie z. B. Möhren sind als Gemüsenudeln geeignet.

ca. 20 Min.

Für 2 Personen

Zutaten:
100 g Spaghetti

Tahin-Sauce:
4 EL Tahin (Sesammus)
2 EL Zitronensaft
3 TL Sojasauce
1 TL Olivenöl
1 Knoblauchzehe
½ EL Kurkuma
Salz
Pfeffer
ca. 150 ml Wasser

Zoodles:
2 Zucchini (à 200 g)
Majoran, Chilipulver

Zubereitung:

- Spaghetti nach Packungsanweisung bissfest garen.
- Inzwischen Zucchini mithilfe eines Julienne-Schneiders (oder mithilfe eines Gemüsehobels in Streifen schneiden) in Spiralen schneiden.
- Knoblauch schälen, pressen und mit den restlichen Zutaten für die Tahin-Sauce vermengen.
- Zoodles und Tahin-Sauce zusammen in einer Pfanne bei mittlerer Hitze für ca. 10 Minuten garen.
- Mit etwas Salz und Pfeffer würzen und mit frischem Majoran und Chiliflocken garniert servieren.

Durchschnittliche Nährwerte pro Portion:

kcal	kJ	Eiweiß	Fett	Kohlenhydrate	Ballaststoffe
440	1829	17,5 g	6,4 g	44 g	7,2 g

VEGAN

Hauptgerichte

Linsen-Curry mit Spinat

TIPP

Ohne Brot ergibt sich ein leichtes Gericht mit ca. 310 kcal pro Portion.

ca. 30 Min.

Für 2 Personen

Zutaten:

75 g Zwiebeln
250 g Möhren
1 EL Rapsöl
2 TL fruchtiges Currypulver
100 g gelbe Linsen
250 ml Gemüsebrühe
100 g Blattspinat
120 g Fladenbrot, vegan
1 TL Limettenabrieb
100 g Sojajoghurt, natur
Salz

Zubereitung:

- Zwiebeln würfeln. Möhren schälen und würfeln. Öl in einem großen Topf erhitzen, Zwiebeln darin bei mittlerer Hitze glasig dünsten. Möhren unterrühren und mitdünsten.
- Erst Currypulver, dann die Linsen unterrühren. Gemüsebrühe und ca. 100 ml Wasser zugeben, zugedeckt aufkochen und bei milder Hitze ca. 10 - 15 Minuten köcheln lassen (wer es flüssiger mag, kann noch etwas Wasser hinzugeben).
- Inzwischen den Spinat verlesen, waschen und trockenschleudern. Fladenbrot nach Belieben aufbacken. Spinat unter das Curry rühren und kurz mit erwärmen. Limettenabrieb und Joghurt verrühren.
- Curry in tiefen Tellern anrichten und mit Limettenjoghurt und Fladenbrot servieren.

Durchschnittliche Nährwertangaben pro Portion:

kcal	kJ	Eiweiß	Fett	Kohlenhydrate	Ballaststoffe
447	1872	23 g	14 g	58 g	17 g

VEGAN

Hauptgerichte

Kurkuma-Koriander-Pfannkuchen

ca. 30 Min.

Zubereitung:

- Zwiebel schälen und fein würfeln. 1 rote Chilischote längs halbieren, Kerne entfernen und fein hacken. Koriander fein hacken.
- 150 g Hartweizengrieß, ½ TL Salz, 1 TL Kurkuma und 300 ml kaltes Wasser mit einem Löffel verrühren. Zwiebel, Chili und Koriander unterrühren.
- Gurke längs halbieren, entkernen, grob raspeln und mit Mango-Chutney verrühren.
- 1 EL Öl in einer großen beschichteten Pfanne erhitzen. Mit einer Kelle die Hälfte des Teiges zu 3 Portionen in die Pfanne geben. Pfannkuchen 3 - 4 Minuten backen, bis die Unterseite leicht gebräunt ist. Pfannkuchen wenden und weitere 2 Minuten backen.
- Pfannkuchen auf einem Teller warm stellen. 1 EL Öl in die Pfanne geben und aus dem restlichen Teig 3 weitere Pfannkuchen ebenso backen. Mit dem Chutney anrichten.

Für 6 Stück:

Zutaten:

100 g Zwiebel
1 rote Chilischote
1 Bund Koriander
150 g Hartweizengrieß
1 TL Kurkuma
200 g Gurke
180 g Mango-Chutney
(Rezept siehe Seite 37)
2 EL Rapsöl
Salz

Durchschnittliche Nährwerte pro Pfannkuchen:

kcal	kJ	Eiweiß	Fett	Kohlenhydrate	Ballaststoffe
135	568	3,2 g	5,3 g	18 g	< 1 g

Durchschnittliche Nährwerte pro Portion (3 Pfannkuchen + 90 g Mango-Chutney):

kcal	kJ	Eiweiß	Fett	Kohlenhydrate	Ballaststoffe
465	1959	11 g	16 g	67 g	2,4 g

VEGAN

Hauptgerichte

Kichererbsen-Auberginen-Pfanne

ca. 40 Min.

Für 2 Personen

Zutaten:

300 g Aubergine
160 g Paprika, gelb
1 ½ EL Rapsöl
200 g stückige Tomaten (Dose)
150 g Kichererbsen, vorgegart
50 g Zwiebel
150 ml Gemüsebrühe
4 EL Ajvar
½ Bund Petersilie, glatt
1 TL Kreuzkümmel
Salz
Pfeffer

Zubereitung:

- Paprikaschote und Aubergine würfeln. Zwiebel schälen und fein würfeln. Öl in einer Pfanne erhitzen und die Gemüsewürfel darin anbraten. Ajvar, stückige Tomaten und Gemüsebrühe hinzugeben.
- Mit Kreuzkümmel, Salz und Pfeffer abschmecken und für ca. 10 bis 15 Minuten köcheln lassen.
- Inzwischen die Petersilie fein hacken und die Kichererbsen abtropfen lassen.
- Petersilie und Kichererbsen unterrühren und kurz erwärmen.

Durchschnittliche Nährwertangaben pro Portion:

kcal	kJ	Eiweiß	Fett	Kohlenhydrate	Ballaststoffe
388	1628	15 g	17 g	39 g	13 g

VEGETA-RISCH

GLUTEN-FREI

Hauptgerichte

Gefüllte Aubergine mit Reis

ca. 60 Min.

Für 2 Personen

Zutaten:

100 g Reis
300 g Auberginen
200 g Tomaten
50 g Zwiebel
1 Knoblauchzehe
150 g Feta, light
½ Bund Petersilie
1 EL Olivenöl
Salz
Pfeffer

Zubereitung:

- Tomaten und Auberginen sorgfältig waschen, dann die Auberginen längs halbieren. Mit Messer und Teelöffel gründlich aushöhlen und mit Olivenöl bepinseln. Auberginenfleisch auffangen.
- Backofen vorheizen (Ober- / Unterhitze 180 - 200 °C).
- Tomaten und Feta würfeln. Zwiebel und Knoblauch schälen und ebenso wie die Petersilie fein hacken und in eine große Schüssel geben.
- Auberginenfruchtfleisch klein würfeln und mit in die Schüssel geben, alles gut verrühren. Die Füllung mit etwas Salz, Pfeffer und Olivenöl abschmecken und in die Auberginenhälften geben.
- Auf ein mit Backpapier ausgelegtes Backblech geben und ca. 40 Minuten backen.
- Reis in der Zwischenzeit nach Packungsanweisung zubereiten und dazu servieren.

Durchschnittliche Nährwertangaben pro Portion:

kcal	kJ	Eiweiß	Fett	Kohlenhydrate	Ballaststoffe
433	1815	23 g	16 g	48 g	8 g

VEGETARISCH

Hauptgerichte

Tortilla Wraps

ca. 25 Min.

Für 2 Personen

Zutaten:
3 Tortilla Wraps

Dip:
250 g Kräuterquark, fettarm (10 % Fett)
Zitronensaft
30 ml Milch, fettarm (1,5 % Fett)

Füllung:
300 g Gurke
160 g Tomate
300 g Paprika
60 g Zwiebeln
100 g Eisbergsalat

Zubereitung:

- Den Kräuterquark mit einem Spritzer Zitronensaft vermengen. Die Milch unterrühren bis der Dip cremig ist.
- Das Gemüse waschen und in mundgerechte Stücke schneiden.
- Die Wraps laut Packungsanweisung erwärmen, mit dem Dip bestreichen und nach Belieben belegen und zusammen rollen.

Durchschnittliche Nährwertangaben pro Portion:

kcal	kJ	Eiweiß	Fett	Kohlenhydrate	Ballaststoffe
489	2054	28 g	8 g	72 g	13 g

Hauptgerichte

Tofu-Gemüse-Lasagne

VEGETARISCH

ca. 70 Min.

Zubereitung:

- Die Lasagneplatten ggf. in reichlich Salzwasser garen und abtropfen lassen (s. Packungsanweisung).
- Für die Gemüsesauce Tofu zerdrücken, Zwiebel und Knoblauch schälen und fein würfeln, Paprikaschote halbieren, entkernen, in Streifen schneiden, Porree und Sellerie putzen, waschen, in Ringe schneiden und Brokkoli in Röschen zerteilen und waschen.
- Das Öl im Topf erhitzen, Tofu und Zwiebeln darin andünsten, das vorbereitete Gemüse, die Tomaten mit Flüssigkeit und den Knoblauch hinzugeben, alles bissfest garen und mit etwas Salz, Pfeffer und Oregano abschmecken.
- Für die Bechamelsauce die Margarine im Topf zerlassen, das Mehl dazugeben und andünsten, mit der Milch unter kräftigem Rühren ablöschen und unter Weiterrühren 5 Minuten köcheln lassen, mit etwas Salz, Pfeffer und Muskatnuss würzen.
- Backofen vorheizen (Umluft 200 °C).
- Eine Lage Lasagneplatten in eine Auflaufform (Maße ca. 30 x 40 cm) schichten, darüber eine Lage Gemüse- und Bechamelsauce, dann wieder eine Lage Lasagneblätter usw., bis die Form gefüllt ist.
- Den Abschluss bildet die Bechamelsauce, diese mit Parmesan bestreuen und die Lasagne im Backofen etwa 30 Minuten überbacken.

Durchschnittliche Nährwertangaben pro Portion:

kcal	kJ	Eiweiß	Fett	Kohlenhydrate	Ballaststoffe
466	1949	22 g	14 g	61 g	7 g

Für 6 Portionen

Zutaten:
1 Packung Lasagneplatten (500 g)
50 g geriebener Parmesan

Gemüsesauce:
300 g Tofu
60 g Zwiebeln
150 g Paprika
300 g Porree (Lauch)
4 Stangen Staudensellerie (390 g)
200 g Brokkoli
1 EL Rapsöl
1 Dose Tomaten (400 g)
1 - 2 Knoblauchzehen
Oregano
Salz, weißer Pfeffer

Bechamelsauce:
30 g Margarine, halbfett
30 g Mehl
250 ml Milch, fettarm (1,5 % Fett)
Muskatnuss
Salz, weißer Pfeffer

VEGETARISCH

Hauptgerichte

Kohlrabi-Burger

ca. 50 Min.

Für 2 Personen

Zutaten:
630 g Kohlrabi
2 TL Ajvar
60 g Käse
(z. B. Leerdammer 20 % Fett i. Tr.)
1 Ei
60 g Weichweizengrieß
½ TL Pizzagewürz
3 EL Mehl
1 ½ EL Rapsöl

Zubereitung:

- Kohlrabi schälen und in 6 Scheiben schneiden. Eine Seite mit Ajvar bestreichen und mit Käse belegen. Eine zweite Kohlrabischeibe mit Ajvar bestreichen und oben auflegen.
- Ei in einem tiefen Teller verquirlen. In einem weiteren tiefen Teller den Weichweizengrieß mit dem Pizzagewürz vermischen. Mehl auf einem weiteren Teller verteilen.
- Kohlrabi-Burger erst im Mehl, dann im Ei und zuletzt in dem Weichweizengrieß panieren.
- Backofen vorheizen (Umluft 150 °C).
- Öl in einer Pfanne erhitzen und die Burger darin von jeder Seite ca. 3 Minuten anbraten. Im Ofen auf einem mit Backpapier ausgelegtem Backblech für 10 Minuten backen.

Durchschnittliche Nährwertangaben pro Portion:

kcal	kJ	Eiweiß	Fett	Kohlenhydrate	Ballaststoffe
445	1867	20 g	18 g	51 g	7 g

VEGETARISCH

Hauptgerichte

Spinat-Lasagne

ca. 50 Min.

Für 2 Personen

Zutaten:

400 g Tomaten (Dose)
225 g Blattspinat (TK)
3 Lasagneplatten (Vollkorn)
200 g Frischkäse, fettarm (10 % F. i. Tr.)
Salz
Pfeffer

Zubereitung:

- Die Lasagneplatten ggf. in reichlich Salzwasser garen und abtropfen lassen (s. Packungsanweisung).
- Den Blattspinat in einer Pfanne mit etwas Wasser erhitzen und mit etwas Salz und Pfeffer würzen. Dann die Tomaten und 150 g Frischkäse hinzugeben.
- Backofen vorheizen (Umluft 200 °C).
- Die Spinat-Frischkäse-Masse abwechselnd mit den Lasagneplatten in eine kleine Auflaufform schichten.
- Den restlichen Frischkäse darauf verteilen und 20 - 25 Minuten backen.

Durchschnittliche Nährwertangaben pro Portion:

kcal	kJ	Eiweiß	Fett	Kohlenhydrate	Ballaststoffe
465	1956	19 g	33 g	23 g	5 g

VEGETARISCH

Hauptgerichte

Rote-Bete-Spaghetti

TIPP

Vorsicht: am besten mit Einmalhandschuhen arbeiten, da die Rote Bete stark abfärbt.

ca. 25 Min.

Für 2 Personen

Zutaten:

160 g Spaghetti (bevorzugt Vollkornspaghetti)
50 g Zwiebel
250 g vorgegarte Rote Bete
2 TL Olivenöl
60 ml Gemüsebrühe
50 g Saure Sahne
1 EL Apfelessig
50 g Feta, light
2 EL Schnittlauch
Salz
Pfeffer

Zubereitung:

- Nudeln nach Packungsanweisung bissfest garen.
- Inzwischen Zwiebel schälen und fein würfeln. Rote Bete ebenfalls fein würfeln.
- Öl erhitzen und die Zwiebel glasig dünsten. Rote Bete zugeben und mitdünsten. Gemüsebrühe angießen und zum Kochen bringen.
- Mit Essig, etwas Salz und Pfeffer würzen.
- Das Rote Bete Gemüse mit saurer Sahne, Feta und Schnittlauch vermischen und Nudeln unterheben.

Durchschnittliche Nährwertangaben pro Portion:

kcal	kJ	Eiweiß	Fett	Kohlenhydrate	Ballaststoffe
445	1860	18 g	12 g	67 g	4 g

VEGETA-RISCH

Hauptgerichte

Brokkoliauflauf

Zubereitung:

- Kartoffeln schälen, vierteln und gar kochen.
- Brokkoli in Röschen zerteilen, waschen und in Salzwasser etwa 6 Minuten kochen.
- In der Zwischenzeit Gemüsebrühe erwärmen und die Milch hinzugeben.
- Anschließend das Mehl hinzufügen und mit einem Schneebesen einrühren, bis eine sämige Sauce entsteht. Nach Belieben mit etwas Salz, Pfeffer und Muskatnuss abschmecken.
- Käse reiben und entweder direkt in der Sauce verrühren oder vor dem Backen über den Auflauf streuen.
- Backofen vorheizen (Umluft 180 °C).
- Kartoffeln in Scheiben schneiden und zusammen mit den gegarten Brokkoliröschen in eine Auflaufform geben. Die Sauce darüber gießen.
- Den Auflauf im Backofen etwa 30 Minuten backen.

ca. 60 Min.

Für 2 Personen

Zutaten:

400 g Brokkoli
300 g Kartoffeln
30 g Mehl
150 ml Milch, fettarm (1,5 % Fett)
250 ml Gemüsebrühe
100 g Käse (30 % F. i. Tr.)
Salz
Pfeffer
Muskatnuss

Durchschnittliche Nährwertangaben pro Portion:

kcal	kJ	Eiweiß	Fett	Kohlenhydrate	Ballaststoffe
408	1708	30 g	12 g	46 g	10 g

VEGETARISCH

Hauptgerichte

Rote Bete-Risotto

TIPP

Vorsicht: am besten mit Einmalhandschuhen arbeiten, da die Rote Bete stark abfärbt.

ca. 45 Min.

Für 2 Personen

Zutaten:
50 g Zwiebel
1 Knoblauchzehe
250 g vorgegarte Rote Bete
1 EL Olivenöl
80 g Risottoreis
100 ml Apfelsaft
350 ml Gemüsebrühe, heiß
40 g Parmesan
50 g Rucola
Salz, Pfeffer

Rote Bete Saft-Dressing:
Rote Bete-Saft (aufgefangen)
2 EL Balsamico-Essig, weiß
1 TL Senf
1 TL Olivenöl
Salz, Pfeffer

Zubereitung:

- Zwiebel und Knoblauch schälen und fein würfeln.
- Rote Bete abtropfen lassen und fein würfeln. Die Flüssigkeit dabei auffangen.
- Öl in einem Topf erhitzen. Zwiebel und Knoblauch andünsten. Reis zugeben und unter Rühren ca. 2 Minuten rösten (Reis darf keine Farbe annehmen!).
- Mit 100 ml Apfelsaft ablöschen.
- Nach ca. 1 Minute Rote Bete hinzugeben. Heiße Brühe hinzugeben, so dass der Reis bedeckt ist. Sobald die Flüssigkeit aufgesogen ist, Vorgang wiederholen. Reis unter Rühren offen für 25 Minuten bissfest köcheln.
- Parmesan unterheben und mit etwas Salz und Pfeffer würzen.
- Den aufgefangenen Rote Bete-Saft mit Essig, Senf, Öl, etwas Salz und Pfeffer zu einem Dressing verrühren.
- Rucolasalat mit dem Dressing auf einem flachen Teller geben und darauf das Risotto anrichten.

Durchschnittliche Nährwertangaben pro Portion:

kcal	kJ	Eiweiß	Fett	Kohlenhydrate	Ballaststoffe
486	2042	15 g	25 g	52 g	4 g

VEGETARISCH

Hauptgerichte

Bandnudeln mit Artischocken

TIPP

Verwenden Sie im Frühjahr frische, junge Artischocken!

ca. 40 Min.

Für 2 Personen

Zutaten:

160 g Artischockenherzen, naturell
1 EL Olivenöl
1 - 2 Knoblauchzehen
1 EL Rapsöl
1 EL Butter, halbfett
160 g Bandnudeln
(z. B. Spinatbandnudeln)
2 Stiele Salbeiblätter, abgezupft, je nach Größe halbiert
1 TL Salz für das Salzwasser
2 TL Parmesan, gerieben

Zubereitung:

- 1 ½ Liter Salzwasser aufkochen. Backofen vorheizen (Umluft 220 °C).
- Backblech mit Backpapier auslegen.
- Artischocken abtropfen lassen und halbieren. Knoblauch schälen und fein hacken. Zusammen mit 1 EL Olivenöl und den Artischocken vermengen und auf dem Backblech verteilen und ca. 10 Minuten rösten.
- Nudeln währenddessen nach Packungsanweisung bissfest garen. 1 EL Öl und 1 EL Butter in einer Pfanne erhitzen und Salbei darin knusprig braten.
- Nudeln abgießen, und zusammen mit den Artischocken zu dem Salbei in die Pfanne geben. Vermengen und servieren.

Durchschnittliche Nährwertangaben pro Portion:

kcal	kJ	Eiweiß	Fett	Kohlenhydrate	Ballaststoffe
469	1961	13 g	21 g	56 g	9 g

VEGETARISCH GLUTENFREI

Hauptgerichte

Rührei mit Zucchini und Käse

ca. 25 Min.

Für 2 Personen

Zutaten:
4 Eier
150 g Zucchini
150 g Champignons
1 ½ EL Olivenöl
50 g Käse (30 % F. i. Tr.)
Oregano
Salz
Pfeffer

Zubereitung:

- Zucchini und Champignons in feine Scheiben schneiden. Eier verquirlen.
- 1 EL Olivenöl in einer Pfanne erhitzen, die Eimasse dazugießen und unter Rühren stocken lassen.
- Den Käse reiben und darüber streuen, gut einschmelzen lassen und mit Pfeffer würzen.
- Die Zucchini- und Champignonscheiben in einer Pfanne mit ½ EL Olivenöl scharf anbraten, mit Oregano würzen.
- Das Rührei auf einen Teller anrichten und mit den gerösteten Gemüsescheiben belegen.

Durchschnittliche Nährwertangaben pro Portion:

kcal	kJ	Eiweiß	Fett	Kohlenhydrate	Ballaststoffe
349	1460	24 g	27 g	3 g	2 g

GLUTEN-FREI

Hauptgerichte

Überbackene Hähnchenbrust

ca. 40 Min.

Für 2 Personen

Zutaten:
250 g Hähnchenbrust
200 g Tomaten
1 EL Rapsöl
60 g Mozzarella light
30 g Tomatenmark
120 g Vollkornreis
Salz
Pfeffer

Zubereitung:

- Das Hähnchenfleisch in einer Pfanne mit dem Öl scharf anbraten.
- Backofen vorheizen (Umluft 200 °C).
- Tomaten und Mozzarella in Scheiben schneiden und das Hähnchen in eine Auflaufform geben und mit Salz und Pfeffer würzen.
- Das Hähnchen mit den Tomaten- und Mozzarella-Scheiben belegen und alles für ca. 25 Minuten (je nach Dicke des Hähnchens) backen.
- In der Zwischenzeit den Reis kochen.
- Den Bratensaft mit Tomatenmark verfeinern und zusammen mit dem Reis anrichten.

Durchschnittliche Nährwertangaben pro Portion:

kcal	kJ	Eiweiß	Fett	Kohlenhydrate	Ballaststoffe
465	1960	37 g	12 g	53 g	2 g

GLUTEN-FREI

Hauptgerichte

Salat mit Putenbrust und Spargel

ca. 25 Min.

Für 2 Personen

Zutaten:

200 g Salat
(Feldsalat, Eisbergsalat)
30 g Kresse
200 g Putenbrustfilet
200 g grüner Spargel (frisch)
150 g Kirschtomaten
3 EL Olivenöl
1 EL Limettensaft (frisch gepresst)
1 EL Orangensaft (frisch gepresst)
1 TL Senf, mittelscharf
1 TL Honig
Salz
Pfeffer

Zubereitung:

- Salat und Kresse waschen und abtropfen lassen. Den Spargel waschen, Enden abschneiden und in ca. ½ cm dicke Scheiben schneiden. Kirschtomaten waschen und halbieren.
- Backofen vorheizen (Umluft 80 - 100 °C).
- Putenbrustfilet in Streifen schneiden, salzen, pfeffern und zusammen mit dem Spargel in 1 EL Öl in einer Pfanne braten. Im Ofen bei ca. 80 - 100° C warm halten.
- Währenddessen Limetten- und Orangensaft mit Senf, etwas Salz und Pfeffer verrühren. 2 EL Öl nach und nach darunter schlagen und das Dressing mit Honig abschmecken.
- Salat, Kresse und Kirschtomaten mit dem Dressing vermischen und auf zwei Tellern verteilen. Putenstreifen und Spargel darauf anrichten.

Durchschnittliche Nährwertangaben pro Portion:

kcal	kJ	Eiweiß	Fett	Kohlenhydrate	Ballaststoffe
377	1576	28 g	25 g	10 g	5 g

LACTOSE-FREI GLUTEN-FREI

Hauptgerichte

Thai-Curry mit Putenbrust und Reis

ca. 25 Min.

Für 2 Personen

Zutaten:
300 g Putenbrust
2 TL Olivenöl
200 ml Kokosmilch, light
400 g Gemüsemischung (TK)
80 g Wildreis
Currypaste
Pfeffer
Salz

Zubereitung:

- Reis nach Packungsanweisung in Salzwasser garen.
- Inzwischen Gemüsemischung gar kochen.
- Putenbrust zusammen mit dem Öl in einer Pfanne durchbraten.
- Anschließend das Fleisch aus der Pfanne nehmen und warm halten.
- Kokosmilch zusammen mit dem Bratensaft in der Pfanne erhitzen und kurz aufkochen, nach Belieben Currypaste (siehe Info) hinzugeben und würzen.
- Das Gemüse zusammen mit der Putenbrust auf einem Teller anrichten.
- Anschließend die Sauce über das Gemüse und das Fleisch geben.

Durchschnittliche Nährwertangaben pro Portion:

kcal	kJ	Eiweiß	Fett	Kohlenhydrate	Ballaststoffe
488	2034	47 g	15 g	42 g	9,8 g

INFO

Currypaste gibt es in verschiedenen Variationen.
Panaeng Currypaste - mild
Gelbe Currypaste - mittelscharf
Rote Currypaste - scharf
Grüne Currypaste - sehr scharf

Hauptgerichte

Schweine-Geschnetzeltes

ca. 30 Min.

Für 2 Personen

Zutaten:
100 g Reis
200 g Schweineschnitzel
100 g Zwiebeln
150 g Möhren
250 g Champignons
100 g Paprika, rot
1 TL Rapsöl
200 ml Gemüsebrühe
5 EL Frischkäse (bis 1 % Fett)
2 - 3 EL Schnittlauchröllchen
Salz
Pfeffer

Zubereitung:

- Reis nach Packungsanweisung in Salzwasser garen. Schweineschnitzel in Streifen schneiden. Zwiebeln schälen und fein würfeln, Möhren schälen und zusammen mit Paprika und Champignons nach Belieben in Scheiben oder Würfel schneiden.

- Öl in einer Pfanne erhitzen. Schweinegeschnetzeltes darin anbraten und mit Salz und Pfeffer würzen. Gemüse dazugeben, ebenfalls andünsten, mit Gemüsebrühe ablöschen und bei schwacher Hitze ca. 8 Minuten köcheln lassen. Frischkäse und Schnittlauch unterrühren.

Durchschnittliche Nährwertangaben pro Portion:

kcal	kJ	Eiweiß	Fett	Kohlenhydrate	Ballaststoffe
520	2174	42 g	16 g	54 g	8 g

LACTOSE-FREI

Hauptgerichte

Spaghetti Bolognese mit Spinat

TIPP

Nutzen Sie Tatar, um das Gericht fett- und kalorienärmer zuzubereiten. Eine Portion hat dann nur noch 476 kcal und 13 g Fett.

ca. 30 Min.

Für 2 Personen

Zutaten:

120 g Vollkornspaghetti
50 g Zwiebel
1 Knoblauchzehe
200 g Rinderhackfleisch
400 g Tomaten (stückig)
½ EL Balsamicoessig
100 g Blattspinat (TK)
1 EL Olivenöl
15 g italienische Kräuter (TK)

Zubereitung:

- Vollkornspaghetti nach Packungsanweisung bissfest garen.
- Währenddessen Zwiebel schälen, klein hacken und mit dem Olivenöl in einer Pfanne glasig anbraten.
- Hackfleisch hinzufügen und gut durchbraten.
- Mit einem Schuss Wasser ablöschen, die Tomatenstücke und die Kräuter hinzugeben und alles aufkochen lassen.
- Den Knoblauch schälen, klein hacken und zusammen mit dem Essig in einem Topf erhitzen.
- Spinat ebenfalls in den Topf geben und erhitzen.
- Spaghetti, Bolognesesauce und Spinat zusammen auf einem Teller anrichten.

Durchschnittliche Nährwertangaben pro Portion:

kcal	kJ	Eiweiß	Fett	Kohlenhydrate	Ballaststoffe
526	2210	32 g	19 g	54 g	1 g

GLUTEN-FREI

Hauptgerichte

Pikantes Putenschnitzel

ca. 40 Min.

Für 2 Personen

Zutaten:

120 g Reis
400 g Putenbrust
80 g Feta, light
6 Oliven
150 g Paprika
200 g Tomaten (passiert)
2 EL Olivenöl
2 TL Oregano
Pfeffer
Salz

Zubereitung:

- Den Reis nach Packungsanweisung bissfest garen und gut abtropfen lassen.
- Währenddessen die Oliven entkernen und halbieren. Den Feta in circa 1cm große Würfel schneiden, die Paprikaschote ebenfalls in mundgerechte Stücke schneiden.
- Das Putenfleisch waschen, abtupfen und mit dem Fleischhammer flach klopfen.
- Das Öl in der Pfanne erhitzen und das Putenschnitzel beidseitig 2 Minuten anbraten.
- Ein ausreichend großes Stück Alufolie auf einem Backblech ausbreiten und das Schnitzel darauf legen. Den Bratrückstand in der Pfanne aufbewahren.
- Die passierten Tomaten in den Bratrückstand rühren und bei Bedarf mit 3 - 4 EL Wasser aufgießen. Darauf achten, dass die Sauce nicht zu dünn wird. Mit Pfeffer und Oregano würzen.
- Backofen vorheizen (Oberhitze 200 °C).
- Das Schnitzel mit den Fetawürfeln, Paprikastücken und den Olivenhälften belegen, die Alufolie seitlich etwas Hochklappen und im Backofen bei Oberhitze oder Grillstufe etwa 6 Minuten überbacken.
- Das Putenschnitzel aus dem Backofen nehmen und auf dem Teller anrichten.
- Den beim Backen evtl. ausgetretenen Saft zu der Tomatensauce geben, diese noch einmal erwärmen, gut durchrühren und über das Schnitzel gießen.

Durchschnittliche Nährwertangaben pro Portion:

kcal	kJ	Eiweiß	Fett	Kohlenhydrate	Ballaststoffe
325	1361	29 g	10 g	29 g	2 g

GLUTEN-FREI

Hauptgerichte

Salat à la casa

Zubereitung:

- Das Putenfleisch in Streifen schneiden mit etwas Salz und Pfeffer würzen und in einer Pfanne in 1 EL Öl anbraten.
- Das Ei hart kochen, pellen und in Scheiben schneiden.
- Den Salat waschen. Die Zwiebel schälen und fein würfeln. Den Mozzarella in mundgerechte Stücke schneiden.
- Die Kirschtomaten halbieren, die Gurke in mundgerechte Stücke schneiden.
- Den Salat in eine Schüssel geben, Tomate, Gurken und Zwiebel untermengen. Das Putenfleisch zusammen mit dem Ei und dem Mozzarella hinzufügen.
- In einem separaten Gefäß Essig, Öl, etwas Salz, Pfeffer und Petersilie miteinander verquirlen und erst kurz vor dem Verzehr über den Salat geben.

ca. 35 Min.

Für 2 Personen

Zutaten:

200 g Putenbrust
75 g Feldsalat
1 Ei
50 g Zwiebel
125 g Kirschtomaten
200 g Gurke
50 g Mozzarella, light
3 EL Olivenöl
1 EL Balsamico-Essig (weiß)
2 EL Petersilie
Salz
Pfeffer

Durchschnittliche Nährwertangaben pro Portion:

kcal	kJ	Eiweiß	Fett	Kohlenhydrate	Ballaststoffe
417	1741	32 g	29 g	8 g	3 g

GLUTEN-FREI

Hauptgerichte

Salat mit Steakstreifen

ca. 25 Min.

Für 2 Personen

Zutaten:

200 g Salat (Rucola, Feldsalat)
100 g Zwiebel
250 g Champignons
150 g Paprika
250 g Kirschtomaten
1 Knoblauchzehe
3 EL Essig
5 EL Wasser
½ EL Senf
1 Spritzer Zitronensaft
2 EL Rapsöl
250 g mageres Rindfleisch
Salz
Pfeffer
nach Belieben Kräuter

Zubereitung:

- Salat, Kirschtomaten und Paprika waschen. Champignons putzen sowie von den Stängeln entfernen und alles in Stücke schneiden.
- Knoblauch und Zwiebel schälen und fein hacken.
- Für das Dressing: Essig, 1 EL Öl, Wasser, Senf, Knoblauch und Zitronensaft miteinander verrühren und mit etwas Salz und Pfeffer würzen. Nach Belieben mit Kräutern würzen.
- Rindfleisch in Streifen schneiden. 1 EL Öl in einer Pfanne erhitzen und darin die Rindfleischstreifen anbraten.
- Fleisch aus der Pfanne nehmen und die Pilze mit den Zwiebeln anbraten.
- Anschließend das Dressing zum Salat geben und zusammen mit dem Rindfleisch auf einem Teller servieren.

Durchschnittliche Nährwertangaben pro Portion:

kcal	kJ	Eiweiß	Fett	Kohlenhydrate	Ballaststoffe
378	1583	37 g	21 g	12 g	7 g

Hauptgerichte

Rucola mit Entenbrust

Für 2 Personen

Zutaten:
200 g Entenbrust ohne Haut
1 Knoblauchzehe
2 EL Olivenöl
½ TL Cayennepfeffer
100 g Rucola
½ Granatapfel
30 g Naturjoghurt, fettarm (1,5 % Fett)
2 TL Kräuter (TK)
Salz
Pfeffer

Zubereitung:

- Knoblauch schälen und fein hacken und mit 2 EL Olivenöl und Cayennepfeffer verrühren und damit die Entenbrust marinieren. Diese dann im Kühlschrank aufbewahren.
- Den Rucola waschen und trocknen, bei Bedarf dickere Stiele entfernen.
- Die Kerne des Granatapfels lösen und auffangen.
- Die Entenbrust ca. 6 Minuten braten, wenden und bei mittlerer Hitze nochmals 8 Minuten braten. Herausnehmen und abkühlen lassen.
- 2 EL Joghurt mit 1 EL Öl, Kräutern und etwas Salz und Pfeffer vermengen.
- Den Rucola in eine Schale geben und mit dem Dressing vermengen.
- Die Entenbrust in dünne Streifen schneiden und mit dem Rucola anrichten. Die Granatapfelkerne darauf verteilen.

Durchschnittliche Nährwertangaben pro Portion:

kcal	kJ	Eiweiß	Fett	Kohlenhydrate	Ballaststoffe
309	1291	22 g	21 g	9 g	2 g

Hauptgerichte

Putenröllchen

ca. 60 Min.

Für 2 Personen

Zutaten:
250 g Kartoffeln
400 g Putenschnitzel
100 g Zucchini
40 g Kochschinken
60 g Mozzarella, light
1 EL Tomatenmark
150 ml Gemüsebrühe
Salz
Pfeffer
Speisestärke, mit wenig kaltem Wasser angerührt

Zubereitung:

- Die Putenschnitzel flach klopfen, mit Pfeffer und etwas Salz würzen und die Zucchini längs in dünne Scheiben schneiden.
- Die Schnitzel mit Zucchini, Kochschinken und Mozzarella belegen, aufrollen und feststecken. Von allen Seiten anbraten und in eine Auflaufform geben.
- Backofen vorheizen (Umluft 150 °C).
- Den Bratenfond mit der Gemüsebrühe und dem Tomatenmark mischen, würzen, mit Speisestärke binden und über die Röllchen geben.
- Ca. 30 - 40 Minuten im Ofen garen. Nach der Hälfte der Zeit die Röllchen wenden.
- Währenddessen die Kartoffeln kochen. Anschließend alles gemeinsam anrichten.

Durchschnittliche Nährwertangaben pro Stück:

kcal	kJ	Eiweiß	Fett	Kohlenhydrate	Ballaststoffe
446	1868	61 g	12 g	23 g	3 g

Hauptgerichte

Fischgratin

ca. 50 Min.

Für 2 Personen

Zutaten:

100 g Naturreis
250 g Seebarschfilet
250 g Brokkoli
½ Zitrone
100 g Tomaten
1 EL Mehl
100 ml Gemüsebrühe
75 ml Milch, fettarm (1,5 % Fett)
½ EL Senf, mittelscharf
1 ½ EL Kräuter
Salz
Pfeffer

Zubereitung:

- Den Reis nach Packungsanweisung bissfest garen und gut abtropfen lassen.
- Brokkoli in kleine Röschen teilen und in etwas Salzwasser ca. 4 Minuten zugedeckt dünsten. Gut abtropfen lassen.
- Fischfilet trocken tupfen, mit Zitronensaft beträufeln und in Stücke schneiden. Tomate fein würfeln.
- Backofen vorheizen (Umluft 180 °C).
- Mehl in einem Topf bei mittlerer Hitze goldgelb anrösten. Nach und nach Brühe und Milch hinzugeben und mit dem Schneebesen glatt rühren. Kurz aufkochen lassen und mit etwas Salz und Pfeffer würzen.
- Die Kräuter fein hacken und unter die Sauce rühren.
- Reis, Fischfilet, Brokkoli und Tomatenwürfel in eine kleine Auflaufform schichten und darauf die Sauce verteilen. Auf dem Rost im vorgeheizten Backofen für ca. 15-20 Minuten gratinieren.

Durchschnittliche Nährwertangaben pro Portion:

kcal	kJ	Eiweiß	Fett	Kohlenhydrate	Ballaststoffe
414	1739	35 g	8 g	50 g	5 g

Hauptgerichte

Quiche mit Räucherlachs

ca. 90 Min.

Ergibt 6 Stücke

Zutaten Teig:
250 g Mehl (Vollkorn)
120 g Diätmargarine
1 Ei
½ TL Salz

Belag:
1 Knoblauchzehe*
500 g Porree (Lauch)
1 EL Rapsöl
200 g Räucherlachs
100 g Schmand
3 Eier
Salz, Pfeffer

** Die Knoblauchzehe kann je nach Geschmack auch durch 1 Schalotte ersetzt werden.*

Zubereitung:

- Mehl, Margarine, Ei und Salz vermengen und zu einem Teig verarbeiten. Den Teig für ca. 30 Minuten kalt stellen.
- Währenddessen Knoblauch schälen und klein hacken und den Porree in feine Ringe schneiden. Lachs in feine Streifen schneiden. Schmand mit Eiern, Pfeffer und Salz verrühren.
- Den Teig auf ein wenig Mehl ausrollen und in eine gefettete Form legen. Den Rand ca. 2 cm hoch andrücken.
- Backofen vorheizen (Umluft 180 °C).
- Knoblauch und Porree in einer Pfanne mit Öl leicht dünsten und anschließend mit den Lachsstreifen auf dem Quiche-Boden verteilen. Ei-Schmand-Masse darüber geben.
- Die Quiche im vorgeheizten Backofen für ca. 45 - 50 Minuten backen (nach der Hälfte der Backzeit mit Alufolie abdecken).

Durchschnittliche Nährwertangaben pro Portion:

kcal	kJ	Eiweiß	Fett	Kohlenhydrate	Ballaststoffe
495	2071	20 g	31 g	34 g	2 g

Hauptgerichte

Lachs-Spaghetti

ca. 20 Min.

Für 2 Personen

Zutaten:

160 g Vollkornspaghetti
120 g Räucherlachs
70 g Frischkäse, fettarm (10 % F. i. Tr.)
100 ml Gemüsebrühe
50 g Rucola
1 EL Mehl
Salz
Pfeffer

Zubereitung:

- Spaghetti nach Packungsanweisung bissfest garen.
- Währenddessen den Räucherlachs in Streifen schneiden.
- Frischkäse mit Gemüsebrühe unter Rühren zum Kochen bringen. Mehl hinzufügen, kurz aufkochen lassen und von der Kochstelle nehmen. Den Räucherlachs dazugeben.
- Spaghetti abgießen, mit Sauce und Rucola vermengen.

Durchschnittliche Nährwertangaben pro Portion:

kcal	kJ	Eiweiß	Fett	Kohlenhydrate	Ballaststoffe
489	2063	34 g	11 g	62 g	< 1 g

LACTOSE-FREI

Hauptgerichte

Gebratenes Rotbarschfilet

ca. 35 Min.

Für 2 Personen

Zutaten:

1 Bund Suppengemüse
(80 g Sellerie, 100 g Porree (Lauch), 200 g Möhren)
50 g Zwiebel
1 Knoblauchzehe
250 ml Gemüsebrühe
350 g Rotbarschfilet
300 g Kartoffeln
30 g Tomatenmark
1 EL Rapsöl
Zitronensaft
Salz
Pfeffer

Zubereitung:

- Kartoffeln in Salzwasser garen.
- Währenddessen Knoblauch und Zwiebel schälen und klein hacken.
- Suppengemüse waschen und ebenfalls in Stücke schneiden.
- Das Öl zusammen mit dem Knoblauch und der Zwiebel in einem Topf erhitzen.
- Das Gemüse hinzugeben und alles einige Minuten braten.
- Anschließend Wasser, Gemüsebrühe und Tomatenmark hinzufügen. Alles für einige Minuten köcheln lassen.
- Den Fisch mit Öl in einer Pfanne gut durchbraten und mit etwas Salz, Pfeffer und Zitrone würzen.

Durchschnittliche Nährwertangaben pro Portion:

kcal	kJ	Eiweiß	Fett	Kohlenhydrate	Ballaststoffe
461	1925	39 g	17 g	37 g	8 g

GLUTEN-FREI

Hauptgerichte

Lachsfilet an Blattspinat

ca. 35 Min.

Für 2 Personen

Zutaten:
320 g Lachsfilets
(frisch oder TK)
1 Zitrone
350 g Blattspinat (TK)
350 g Pellkartoffeln / Frühkartoffeln
200 g Magerquark
½ Bund Petersilie
2 TL Dill
1 EL Rapsöl
Salz
Pfeffer
Muskatnuss

Zubereitung:

- Blattspinat in einen Topf geben und langsam erhitzen.
- Kartoffeln putzen, ins gesalzene Wasser geben und garen.
- Das Öl in einer Pfanne erhitzen und den Lachs kurz von beiden Seiten anbraten. Dann bei kleiner Hitze und mit geschlossenem Deckel weiterbraten. Ab und zu wenden.
- Den Magerquark mit den Gewürzen (Petersilie, Dill, Salz, Pfeffer) abschmecken.
- Den fertig gegarten Spinat mit Muskatnuss und etwas Salz würzen und die Zitrone in Scheiben schneiden. Die Kartoffeln abgießen.
- Der Spinat kann nun mit den Kartoffeln und dem Kräuterdip sowie dem Lachs mit Zitronenscheiben genossen werden.

Durchschnittliche Nährwertangaben pro Portion:

kcal	kJ	Eiweiß	Fett	Kohlenhydrate	Ballaststoffe
453	1891	52 g	10 g	36 g	11 g

GLUTEN-FREI

Hauptgerichte

Folienforelle mit Spinat

TIPP

Dazu passt ein Püree (s. S. 49 oder S. 54 - 57).

ca. 35 Min.

Für 2 Personen

Zutaten:

400 g Forelle
2 Knoblauchzehen
1 EL Thymian
1 EL Rosmarin
100 g Saure Sahne
250 g Spinat
200 ml Wasser
Salz
Pfeffer
Muskatnuss

Zubereitung:

- Backofen vorheizen (Umluft 180 °C).
- Den Knoblauch schälen und fein hacken.
- Die Forelle auf ein ausreichend großes Stück Alufolie legen. Knoblauch, Thymian, Rosmarin, etwas Salz und Pfeffer von beiden Seiten über den Fisch streuen und die Folie locker darüber zusammenfalten.
- Auf ein Backblech legen und im Backofen für etwa 20 Minuten garen.
- In der Zwischenzeit den Spinat in einem Topf erhitzen, 200 ml Wasser dazugeben und die saure Sahne unterrühren. Mit Muskatnuss und Pfeffer würzen. Zugedeckt warm stellen. Das Wasser sollte vollständig verkocht sein.
- Das Fischpäckchen nach der Garzeit vorsichtig öffnen, damit der Dampf entströmen kann.
- Die Forelle auf einen Teller legen und mit der Spinatsauce übergießen.

Durchschnittliche Nährwertangaben pro Portion:

kcal	kJ	Eiweiß	Fett	Kohlenhydrate	Ballaststoffe
299	1246	46 g	12 g	4 g	3 g

LACTOSE-FREI

Hauptgerichte

Fisch-Curry

ca. 30 Min.

Zubereitung:

- Kartoffeln und Möhren schälen und würfeln. Öl in einem Topf erhitzen, Kartoffel- und Möhrenwürfel darin zugedeckt für ca. 5 Minuten dünsten. Currypaste zugeben und kurz anschwitzen. Brokkoliröschen zufügen, mit Brühe und Kokosmilch ablöschen und weitere 5 Minuten zugedeckt dünsten.
- Kabeljau abspülen, trocken tupfen und würfeln. Kabeljauwürfel unter das Curry heben und für ca. 5 Minuten ohne Deckel ziehen lassen.
- Speisestärke in etwas Wasser glattrühren, in das Curry einrühren und kurz aufkochen lassen.
- Curry mit Zitronensaft, Kräutern, Salz und Pfeffer abschmecken.

Für 2 Personen

Zutaten:
450 g Kartoffeln (mehligkochend)
250 g Möhren
1 TL Rapsöl
1 TL Currypaste, rot
400 g Brokkoli
150 ml Gemüsebrühe
3 - 4 EL Kokosmilch, light
200 g Kabeljau (frisch oder TK)
1 EL Speisestärke
1 TL Limettensaft
Kräuter nach Belieben
Salz
Pfeffer

Durchschnittliche Nährwertangaben pro Portion:

kcal	kJ	Eiweiß	Fett	Kohlenhydrate	Ballaststoffe
426	1780	32 g	7,1 g	58 g	13 g

LACTOSE-FREI

Hauptgerichte

Fischfrikadellen auf pikantem Gemüse-Salat

ca. 60 Min.

Für 2 Personen

Zutaten:
400 g Rotbarsch, roh
50 g Zwiebel
½ Bund Koriander
(wahlweise Petersilie)
1 Stück Ingwer (ca. 5 g)
3 EL Semmelbrösel
1 Ei
Salz, Pfeffer
1 TL Rapsöl
150 g Paprika, grün
150 g Möhren
150 g Knollensellerie
500 ml Gemüsebrühe

Gemüse-Sauce:
2 EL Zitronensaft
½ EL Olivenöl
1 EL Kräuter, gemischt
1 EL Sambal Oelek
1 TL Sojasauce

Zubereitung:

- Backofen vorheizen (Umluft 160 °C).
- Rotbarschfilet und Zwiebeln grob würfeln, Ingwer schälen und reiben und mit Koriander pürieren. Ei und Semmelbrösel unterrühren und kräftig mit Salz und Pfeffer würzen. Zu 10 kleinen Frikadellen formen.
- Öl in einer beschichteten Pfanne erhitzen und die Frikadellen von jeder Seite ca. 3 Minuten darin anbraten. Auf ein mit Backpapier ausgelegtes Backblech legen und im vorgeheizten Backofen ca. 15 Minuten fertig garen.
- Möhren und Sellerie schälen. Möhren, Paprika und Sellerie in feine Streifen schneiden.
- Gemüse in der Gemüsebrühe für ca. 8 - 10 Minuten bissfest garen. Inzwischen die Zutaten für die Gemüse-Sauce vermengen und 2 EL der Gemüsebrühe hinzufügen.
- Das Gemüse abgießen und mit der Sauce vermengen und zusammen mit den Fischfrikadellen servieren.

Durchschnittliche Nährwertangaben pro Portion:

kcal	kJ	Eiweiß	Fett	Kohlenhydrate	Ballaststoffe
475	1984	46 g	18 g	31 g	10 g

xlim Ernährungs-Beratung

Die vom xlim Ernährungs-Beratungs-Team bisher durchgeführten über 100.000 individuellen xlim Ernährungs-Beratungen im Rahmen von xlim Apotheken-Aktionstagen, Gesundheitstagen und -messen haben gezeigt, wie groß das Bedürfnis nach einer ganz persönlichen Ernährungs-Beratung ist.

Für den langfristigen Erfolg eines Gewichtsmanagements sind die begleitende Ernährungsberatung und ein gewisses Maß an Selbstdisziplin wichtige Erfolgsfaktoren.

Alle Anwender von xlim Produkten, die an einer individuellen xlim Ernährungs-Beratung interessiert sind, können auf der xlim Homepage www.xlim.de nachschauen, wann der nächste xlim Apotheken-Aktionstag in einer xlim Aktions-Apotheke in ihrer Nähe stattfindet.

Zusätzlich können Sie über die xlim Ernährungs-Beratungs-Hotline 0800 - 30 33 400 einen Termin für eine individuelle xlim Ernährungs-Beratung per Telefon erhalten. Eine unserer xlim Ernährungs-Beraterinnen wird Sie dann zurückrufen.

Über service@biomo-vital.de können Sie sich ebenfalls an uns wenden, wenn Sie spezielle Fragen zum xlim Gewichtsmanagement-Programm, zu den xlim Ernährungs-Prinzipien, den xlim Tipps und Tricks, den xlim Koch-Rezepten oder zur gesunden Ernährung im Allgemeinen haben.

Rezept- & Zutatenverzeichnis

A

B

C

D

E

F

G

N

O

P

Q

R

S

Die Autoren

Dr. Karl-Georg Mothes beschäftigt sich seit über 40 Jahren als Naturforscher mit Natur-Medizin und Ernährungswissenschaften. Er gründete und leitete Pharmaunternehmen, die auf Natur-Medizin spezialisiert sind und entwickelte Nährstoff-Programme zur begleitenden Behandlung von Zivilisationsleiden. So entstand in Zusammenarbeit mit Ernährungsforschern und Medizinern im Rahmen eines wissenschaftlichen Projektes ein selbstbestimmtes Gewichtsmanagement-Programm für ein dauerhaft gesundes Körpergewicht. In diesem neuen selbstbestimmten Gewichtsmanagement-Programm sieht er jetzt die große Chance, das Risiko durch Zucker und Übergewicht erfolgreich abbauen zu können.

Sabrina Richartz (Rezeptentwicklung, Nährwertberechnung), Diplom-Oecotrophologin, ist seit einigen Jahren Leiterin der ernährungswissenschaftlichen Abteilung der biomo pharma in Hennef. Schon während ihres Studiums an der Universität Bonn beschäftigte sie sich intensiv mit dem positiven Einfluss einer ausgewogenen Ernährung auf die Gesundheit. Im Rahmen von regelmäßigen individuellen Ernährungsberatungen bei Aktionstagen in Apotheken sammelte sie wichtige praktische Erkenntnisse und erstellte in Zusammenarbeit mit dem xlim Ernährungs-Team die xlim Rezepte.

Wichtiger Hinweis

Jede Wissenschaft unterliegt einem ständigen Wandel der Erkenntnisse. Bei den in diesem Buch gegebenen Ratschlägen und Empfehlungen kann der Leser sich darauf verlassen, dass Autoren, Herausgeber und Verlag größte Sorgfalt darauf gelegt haben, dass die Angaben dem aktuellen Wissensstand entsprechen. Jedoch kann eine Garantie nicht übernommen werden. Die Haftung der Autoren, des Verlages oder seiner Beauftragten für Personen-, Sach- oder Vermögensschäden ist ausgeschlossen.

Geschützte Warennamen (Warenzeichen) werden nicht besonders kenntlich gemacht. Das Fehlen eines Hinweises heißt nicht, dass es sich um einen freien Warennamen handelt.

Bildnachweis

Copyright @ Fotolia

11 Alliance **12** Robert Kneschke **15** goodluz **16, 36** olezzo **18** Africa Studio **19** annapustynnikova **20** seagull_l **21** lidante **22** Barbara Pheby **24** Stefanie Rauscher **25** dimasobko **26** Zerbes **27** -Marcus- **28** Rob Stark **29** PhotoSG **30** Yevgeniya Shal **31** HLPhoto **32** cirquedesprit **33** Quade **34** silencefoto **37** nata_vkusidey **39** annapustynnikova **40** Hetizia **41** WS-Design **41, 42, 43** fahrwasser **44** vanillachoes **46** archikatia **48** Fanfo **49** Ildi **50** Floydin **51** Daorson **53, 92** Kitty **56** Barbara Pheby **57** Yevgeniya Shal **58** A_Lein **59** Michaela Brandl **61** kristina rütten **62, 63** Printemps **64** Firma V **66** Fischer Food Design **70** HandmadePictures **71** HLPhoto **74** Thomas Francois **75** Jacek Chabraszewski **79** nata_vkusidey **81** Johanna Mühlbauer **87** Digital Photo Professional **90** ALF photo **91** st-fotograf **94** Liudmila Travina **95** FomaA **96** lavizzara **97** tycoon101 **98** okkijan2010 **100** sarsmis **105** charlottelake **106** Konstantin Petkov **112** Astrid Martin **113** JJAVA **116** UJac **118** st-fotograf **120** manyakotic **122** Christian Schwier **127** minadezhda

Copyright @ Peopleimages.com

16 #440544, #432422, #440545, #390251, 440604, 440553 **17** #432422 **44** #440545 **60** #390251 **78** #440604 **88** #440553 **138** #415858

Copyright @ Stock Food

23 Kai Stiepel **35** Charlotte Tulhorst **38** Gräfe & Unzer Verlag / Jörn Rynio **42, 72** Gräfe & Unzer Verlag / Michael Brauner **43** Bernhard Winkelmann **45, 47** Yelena Strokin **52** Chris Meier **54** Nicolas Leser **55** Debi Treloar **62** Esspirationen **65** Rua Castilho **67** Frank Adam **68, 69** Eising Studio / Food Photo & Video **73** Jim Norton **76** Caspar Carlott **77** Bauer Syndication **80** Michael Boyny **84, 117, 121** Ulrike Kohl **85** Jan Sommer **86, 87** Martin Rettenberger **93** és-cuisine **99** Neil Corder **101** DeA Picture Library **102** Gräfe & Unzer Verlag / Klaus-Maria Einwanger **103** Karl Newedel **104** People Pictures **107** Clara Tuma **108** Anthony Blake **109** Frank Croes **110** Louise Lister **111** Stephen Conroy **122** HLPhoto **123** ram69 **124** Comugnero Silvana **125** Szabolcs Szekeres **126** Jacek Chabraszewski

Copyright @ Styling: Jessica Hesseler; Fotos: Amanda Berens.
5, 7, 82, 89, 114, 119

xlim Kunden-Kooperation

Liebe Leserin, lieber Leser,

die positiven Erfahrungen von schon über 100.000 xlim Apotheken-Kunden in kurzer Zeit sprechen dafür, dass das selbstbestimmte xlim Gewichtsmanagement-Programm bei xlim Apotheken-Kunden ankommt.

Die vielen positiven Erfahrungen, von denen uns überzeugte xlim Apotheken-Kunden im Rahmen der xlim Apotheken-Aktionstage in den xlim Aktions-Apotheken mit Begeisterung berichten, sind die beste Motivation, die von uns eingeführte arbeitsintensive, individuelle xlim Ernährungs-Beratung in den xlim Aktions-Apotheken weiter auszuweiten.

Durch Ihre konstruktive Kritik und Ihr selektives Lob helfen Sie uns aktiv bei der weiteren Optimierung des xlim Produkt-Programms und der xlim Ernährungs-Beratung. Mit Ihren praktischen Erfahrungen, Ihren Vorschlägen und Ihrer aktiven Unterstützung versetzen Sie uns erst in die Lage, uns noch zu verbessern und jedem die optimale Lösung für seine Gewichts- und Ernährungs-Probleme anbieten zu können.

Durch Ihre Erfahrungen und Kommentare tragen Sie dazu bei, dass vielen Menschen auf gesunde Art und Weise und ohne Verzicht auf Genuss geholfen werden kann, ihren Körper nach ihren eigenen Vorstellungen zu gestalten, sich gesünder zu ernähren und ihr Leben wieder aktiv genießen zu können.

Bitte schreiben, mailen oder rufen Sie uns an, Ihre Meinungen und praktischen Erfahrungen mit dem selbstbestimmten xlim Gewichtsmanagement-Programm sind für uns sehr wichtig, damit wir noch besser auf Ihre individuellen Wünsche eingehen können.

Ihr xlim Ernährungs-Beratungs-Team

biomo-vital® GmbH

Josef-Dietzgen-Str. 3 - D-53773 Hennef - Tel.: +49 (0) 2242 - 8740 481
Fax: 0800 - 30 33 500 - service@biomo-vital.de - www.xlim.de

 - **Layout & Satz:** biomo-vital GmbH - **Druck:** Saxoprint - 1. Auflage 03 / 2017 - Printed in Germany - ISBN: 978-3-9817265-2-7